I0146745

www.ingramcontent.com/pod-product-compliance
Lightning Source LLC
Chambersburg PA
CBHW022032090426
42739CB00006BA/389
9781942293576

حلفاء البشرية

•

الكتاب الأول

حلفاء البشرية

الكتاب الأول

رسالة عاجلة بشأن الحضور
من خارج الأرض في العالم اليوم

مارشال فيان سمرز

حلفاء البشرية الكتاب الأول: رسالة عاجلة بشأن الحضور من خارج الأرض في العالم اليوم

تحرير بواسطة: دارلين ميتشل

تصميم الكتاب من قبل شركة Argent Associates في بولدر، كولاردو.

الغلاف الفني بواسطة ريد نوفار سمرز

"بالنسبة لي، صورة الغلاف تمثلنا على الأرض مع الجرم السماوي الأسود الذي يرمز إلى الحضور الفضائي في العالم اليوم والضوء الموجود خلفه يكشف لنا عن هذا الحضور غير المرئي والذي من دونه لم نتمكن من رؤيته. النجم الذي يضيء الأرض يمثل حلفاء البشرية الذين يعطوننا رسالة جديدة ومنظوراً جديداً لعلاقة الأرض بالمجتمع الأعظم."

حلفاء البشرية الكتاب الأول: رسالة عاجلة بشأن

ISBN: 978-1-884238-45-1 حلفاء البشرية الكتاب الأول: رسالة عاجلة بشأن الحضور من خارج الأرض في العالم اليوم

Library of Congress Control Number: 2001 130786

هذه هي الطبعة الثانية من حلفاء البشرية الكتاب الأول.

NKL Arabic POD Version 4.55

PUBLISHER'S CATALOGING-IN-PUBLICATION

Summers, Marshall.
    The allies of humanity book one: an urgent message about the extraterrestrial presence in the world today / M.V. Summers
    p. cm.
    978-1-884238-45-1 (English print)
    978-1-942293-57-6 (Arabic print)
    978-1-884238-46-8 (English ebook)
    978-1-942293-58-3 (Arabic ebook)
    001.942
    QB101-700606

يتم نشر كتب مكتبة المعرفة الروحية الجديدة من قبل جمعية طريقة المعرفة الروحية في المجتمع الأعظم. الجمعية هي منظمة غير ربحية مكرسة لتقديم طريقة المعرفة الروحية في المجتمع الأعظم.

للحصول على معلومات حول التسجيلات الصوتية والبرامج التعليمية والخدمات التأملية للجمعية، يرجى زيارة الجمعية على شبكة الإنترنت العالمية أو الكتابة إلى:

THE SOCIETY FOR THE GREATER COMMUNITY WAY OF KNOWLEDGE
P.O. Box 1724 • Boulder, CO 80306-1724 • (303) 938-8401
society@newmessage.org
www.alliesofhumanity.org   www.newmessage.org
www.alliesofhumanity.org/ar   www.newmessage.org/ar

إهداء إلى حركات الحرية العظيمة

— في تاريخ عالمنا

المعروفة وغير المعروفة على السواء.

الفهرس

الأسئلة الجوهرية الأربعة بشأن الحضور

من خارج الأرض في العالم اليوم:

ماذا يحدث؟

ولماذا يحدث؟

وماذا يعني؟

وكيف يمكن أن نستعد؟

تمهيد

من غير المألوف بدرجةٍ كافية أن تجد كتاباً يغّيرُ حياة المرء، لكن الأبعد عن المألوف، بكثير، هو أن تقع يداك على عمل يملك إمكانات التأثير على تاريخ البشرية.

منذ حوالي أربعين سنة، قبل أن يكون هناك أيُّ حراك بيئي، ألّفت امرأةٌ جريئة كتاباً أثار استفزازاً وجدلاً شديدين وغيّر مسار التاريخ. هذا الكتاب هو الربيع الصامت لمؤلفته ريتشيل كارسون، وبنشر هذا الكتاب نشأ وعيٌ عالميٌ بأخطار تلوث البيئة واشتعلت بين النشطاء جذوةُ استجابة لا تزال قائمة حتى يومنا هذا. كانت كارسون من أوائل الرواد الذين يعلنون على الملأ أن استخدام مبيدات الآفات والسموم الكيميائية يشكل خطراً يهدد جميع أشكال الحياة، وقوبلت في البداية بالسخرية والتحقير، حتى من كثير من أقرانها، لكنها اعتُبرت في نهاية المطاف صوتاً من أهم أصوات القرن العشرين. ولا يزال كتابُ الربيع الصامت يُنظر إليه على نطاق واسع باعتباره حجر الزاوية في العمل البيئي.

واليوم، قبل أن يسود وعيٌ عام بحدوث توغل جار من قبل كائنات لاأرضية في وسط حياتنا، يتقدم رجل ذو شجاعة مماثلة — معلم روحي غير ظاهر للعيان سابقاً — حاملا بلاغاً غير عادي وباعثاً على القلق من خارج محيط كوكبنا. وبكتاب حلفاء البشرية، يكون مارشال فيان سمرز Marshall Vian Summers أول قائد روحي في عصرنا يعلن قطعياً أن حضور "زوارنا" اللاأرضيين دونما دعوة وما يقومون به من أعمال سرية يشكلان خطراً داهماً يهدد حرية الإنسان.

ومع أن سمرز، مثل كارسون، سيلقى في البداية بالتأكيد استهزاءً وحطاً من قدره، فإنه من الممكن في نهاية المطاف أن يُعترف به بوصفه واحداً من أهم الأصوات في العالم في مجالات الحياة الذكية خارج كوكبنا، والروحانية الإنسانية، وتطوير الوعي. وبالمثل، يمكن أن يثبت أن كتابَ حلفاء البشرية عملٌ محوري في ضمان مستقبل عرقنا البشري — ليس فقط بتنبيهنا إلى التحديات العميقة التي ينطوي عليها حدوثُ غزو صامت من خارج الكوكب، وإنما أيضاً بإشعال شرارة حركة غير مسبوقة من المقاومة والتمكين.

ورغم أن الظروفَ المحيطة بمصدر هذه المادة التي تثير أعنف الجدل قد تكون إشكاليةً بالنسبة للبعض، فإن المنظور الذي تمثله والرسالة العاجلة التي تنقلها تتطلبان منا أعمق اعتباراتنا واستجابة حازمة. وفي هذا الوضع، نجد أننا، دون أي شطط، بصدد مواجهة مقولة مفادها أن الظهور المتزايد للأجسام الطائرة مجهولة الهوية وغيرها من الظواهر ذات الصلة إنما هو عرضٌ لظاهرة أقل ما توصف به أنها تدخل محض، يحدث في الخفاء وبالتالي من دون معارضة، من جانب قوى لاأرضية تسعى لاستغلال موارد الأرض استغلالاً كاملا لمصلحتها الخاصة.

وكيف لنا أن نستجيب بشكل ملائم لمثل هذا الادعاء المثير للقلق وللحنق؟ هل نتجاهله أو نرفضه من الأساس، مثلما فعل كثيرون من منتقدي كارسون؟ أم يجب علينا أن نحقِّقَ في الأمر ونحاول أن نفهم بالضبط ما يجري عرضُه هنا؟

فإذا اخترنا التحقيقَ والفهم، فهذا ما سنجده: إن الاستعراض الشامل لبحوث أجريت على مدى العقود الأخيرة في جميع أنحاء العالم بشأن نشاط الأجسام الطائرة مجهولة الهوية وغيرها من الظواهر التي تبدو لاأرضية (مثل عمليات الاختطاف وزراعة الأجنة، والتمثيل بالحيوانات، وحتى "حالات التلبس" النفسي التي تقوم بها الكائنات اللاأرضية) يسفر عن أدلة وفيرة من منظور الحلفاء؛ والواقع أن المعلومات الواردة في خطابات الحلفاء توضِّح بشكل مذهل القضايا التي حيَّرت الباحثين لسنوات، وتفسر الكثير من الأدلة التي يكتنفها الغموض وتتواصل برغم ذلك دون انقطاع.

ومتى انتهينا من التحقيق في هذه المسائل واطمأنت نفوسُنا إلى أن رسالة الحلفاء ليست معقولةً فحسب ولكن دامغةَ الحجة، يكون السؤال هو: ماذا بعد؟ اعتباراتنا ستُفضي حتماً إلى استنتاج لا مفر منه مؤداه أن محنتنا اليوم شبيهة للغاية بتوغل "الحضارة" الأوروبية في الأمريكتين اعتباراً من القرن الخامس عشر، عندما لم تتمكن الشعوب الأصلية من فهم تعقيدات وخطورة القوات الزائرة لشواطئها والتصدي لها بشكل واف. لقد جاء هؤلاء

"الزوار" باسم الرب، وعرضوا تكنولوجيا مثيرة للإعجاب وزعموا أنهم يعرضون أسلوب حياة أكثر تقدماً وأكثر تحضُّراً. (من المهم أن نلاحظ أن الغزاة الأوروبيين لم يكونوا "شراً يمشي على قدمين" وإنما مجرد انتهازيين تركوا من خلفهم إرثاً من الدمار غير المقصود.)

وهنا يكمن بيت القصيد: فالانتهاك الذي حدث بصورة جذرية وواسعة النطاق للحريات الأساسية الذي تعرض له السكان الأصليون الأمريكيون لاحقا— بما في ذلك القضاء سريعاً على السكان —ليس مأساة إنسانية هائلة فحسب، بل إنها أيضا درس عملي قوي لحالتنا الراهنة. غير أنه في هذا الوقت، نحن كل السكان الأصليين في هذا العالم الواحد، وما لم نتمكّن بشكل جماعي من التصدي لذلك بمستويات أكبر من الإبداع والوحدة، فقد يؤول الأمر بنا إلى مصيرٍ مماثل. وهذا بالضبط هو الإستيعاب الذي يفضي إليه حلفاء البشرية.

على أن الكتاب الذي بين أيدينا قادر على تغيير حياة الناس، لأنه يُفَعِّل داخل النفس نداءً عميقاً يذكِّرنا بهدفنا من كوننا أحياء في هذه اللحظة في تاريخ البشر ويضعنا وجهاً لوجه أمام مصيرنا ذاته. وهنا نجدُ أنفسَنا في مواجهة مع إستيعاب لا أشدَّ منه تنغيصاً، وهو أن صميم مستقبل البشرية يعتمد على طريقة استجابتنا لهذه الرسالة.

وفي حين ينطوي حلفاء البشرية على تحذير عميق، فإنهم يخلون من أي إثارة للخوف أو التلويح بنهاية العالم. بل بدلا من ذلك على رسالة تعرض أملاً لا مثيل له في حالة باتت الآن على درجة بالغة من الخطورة والصعوبة. والقصدُ الواضح هو الحفاظ على حرية الإنسان وتمكينها، وتحفيز التصدي على المستويين الشخصي والجماعي لتدخل القوى الفضائية.

وعلى نحو ينطبق على الوضع الحالي، حددت ريتشيل كارسون نفسها، بشكل تنبؤي، صميم المشكلة التي تعوق قدرتنا على التصدي لهذه الأزمة الراهنة، حيث قالت "إننا لم ننضج بعد بالقدر الذي يتيح لنا أن نفكر في أنفسنا باعتبارنا جزءا شديد الضآلة في كون فسيح لا يتصوره عقل". من الواضح أننا نحتاج منذ فترة طويلة إلى فهم جديد لأنفسنا، ولمكاننا في الكون، وللحياة في المجتمع الأعظم (أي الكون المادي والروحاني الأكبر الذي نحن بصدد الظهور فيه الآن). ومن حسن الحظ أن حلفاء البشرية يخدمون بمثابة بوابة إلى مجموعة ضخمة على نحو مدهش من التعاليم والممارسات الروحية التي تَعد بغرس النضج المطلوب للعرق البشري وتزوده بمنظور لا هو أرضي ولا هو متمحورا حول الإنسان، وإنما يضرب جذوره في تقاليد أقدم وأعمق وأكثر كونية. وفي نهاية المطاف، تتحدى رسالة حلفاء البشرية تقريبا كل مفاهيمنا الأساسية عن الحقيقة، وتقدِّم لنا في الوقت نفسه أعظم فرصة للتطور وأعظم تحد للبقاء. ومع أن الأزمة الحالية تهدِّد قدرتنا على تقرير مصيرنا كنوعنا البشري،

فإنها يمكن أيضا أن توفر أساسا تمس الحاجة إليه لتوحيد العرق البشري، وهو أمر يكاد يستحيل بدون هذا السياق الأعظم. فبالمنظور المعروض في كتاب حلفاء البشرية ومجموعة التعاليم الأكبر التي يمثلها سمرز، تعرض علينا الضرورة الحتمية والإلهام لكي نتكاتف سويا في بناء فهم أعمق يخدم التطور القادم للبشرية.

♦

في تقرير أعد في سياق استعراض مجلة تايم لأكثر من ١٠٠ صوت تأثيرا في القرن العشرين، يقول بيتر ماتثييسين عن ريتشيل كارسون إنه "قبل أن يكون هناك حراكٌ بيئي، كانت هناك امرأة واحدة شجاعة وكتابها الشجاع جداً." وقد يتسنى لنا بعد سنوات من الآن أن نقول عن مارشال فيان سمرز أمرا مماثلا: قبل أن يكون هناك حراك لحرية الإنسان لمقاومة التدخل اللاأرضي، كان هناك رجلٌ واحد شجاع ورسالته الشجاعة جداً، حلفاء البشرية. وهذه المرة، عسى أن تكون استجابتنا أسرع وأكثر حزماً وأكثر توحداً.

مايكل براونلي

صحفي

كلمة إلى القارئ

كتاب حلفاء البشرية يجري عرضه لتحضير الناس لحقيقةٍ جديدة كاملة تعد مخفيّة وغير معروفة بشكل كبير في عالم اليوم. ويتضمن الكتاب منظوراً جديداً يمكّن الناس من التصدي لأصعب التحديات واقتناص أعظم الفرص التي صادفناها كعرق على مدار تاريخنا. ويرد في إحاطات الحلفاء عدد من المقولات البالغة الأهمية، إن لم تكن مقولات مثيرة للقلق، بشأن تدخل اللاأرضيين واندماجهم بصورة متزايدة في العرق البشري وبشأن أنشطتهم وأجندتهم المخفية. والهدف من إحاطات الحلفاء ليس تقديم أدلة دامغة على حقيقة الزيارة التي تقوم بها كيانات لاأرضية لعالمنا، والتي هي موثقة بشكل جيد في كثير من الكتب والمجلات البحثية الرصينة المعنية بهذا الموضوع. بل الهدف من إحاطات الحلفاء هو التصدي للانعكاسات الهائلة والبعيدة الأثر المترتبة على هذه الظاهرة، ومعارضة نزعاتنا وافتراضاتنا البشرية بشأنها، وتنبيه الأسرة البشرية إلى العتبة العظمى التي صرنا الآن في مواجهة معها. تقدم الإحاطات لمحةً عن حقيقة الحياة الذكية في الكون وما سيعنيه الاتصال حقاً. وبالنسبة لكثير من القراء، سيكون ما جرى الكشف عنه في *كتاب حلفاء البشرية* جديداً تماماً. وبالنسبة لآخرين، سيكون تأكيداً لأشياء طالما شعروا بها وعرفوها.

ورغم أن هذا الكتاب يتضمن رسالةً عاجلة، فإنه يُعنى أيضاً بالتحرك صوب درجة أعلى من الوعي تسمى "المعرفة الروحية،" التي تتضمن قدرا أعظم من التخاطر فيما بين البشر وبين الأعراق. وفي ضوء هذا الأمر، نُقل محتوى إحاطات الحلفاء إلى المؤلف من قِبل مجموعة لاأرضية متعددة

الأعراق من الأفراد تطلق على نفسها اسم "حلفاء البشرية." ويصف هؤلاء الأفراد أنفسهم بأنهم كائنات مادية من عوالم أخرى تجمّعت في مجموعتنا الشمسية بالقرب من الأرض لهدف مراقبة الاتصالات والأنشطة التي تقوم بها تلك الأعراق الفضائية الموجودة هنا في عالمنا وتتدخل في شؤون البشر. وهم يؤكدون أنهم ليسوا موجودين بصورة مادية في عالمنا وأنهم يوفرون الحكمة المطلوبة، لا التكنولوجيا أو التدخل.

وقد قُدِّمت إحاطات الحلفاء إلى المؤلف على مدى عام واحد. وهي تعرض منظورا ورؤية في موضوع معقد برغم عقود من الأدلة المتزايدة، يضل مصدرَ حيرة للباحثين. إلا أن هذا المنظور يخلو من الرومانسية والتكهن والمثالية في نَهجه إزاء هذا الموضوع. بل إنه، نقيضا لذلك، يتسم بالواقعية دون تنميق ويخلو من المهادنة إلى الحد الذي قد يشكل فيه قدرا من التحدي، حتى للقارئ العليم بهذا الموضوع.

ولذلك، فلكي تتلقّى ما يعرضه هذا الكتاب، يتعيَّن أن تعلِّقَ، ولو للحظة، كثيراً من المعتقدات والافتراضات والأسئلة التي قد تخامرك بشأن الاتصال مع الكائنات اللاأرضية وحتى بشأن الطريقة التي جرى بها تلقّي هذا الكتاب. إن محتويات هذا الكتاب تشبه رسالةً في زجاجةٍ أُرسلت هنا من خارج الأرض. لذا ينبغي ألا نقلق كثيراً بشأن الزجاجة وإنما بشأن الرسالة نفسها.

ولكي نفهم بحق هذه الرسالة بما تنطوي عليه من تحديات، يجب أن نواجه كثيراً من الافتراضات والميول السائدة بشأن احتمالية وحقيقة الاتصال وأن نتشكك فيها، وهذه تشمل ما يلي:

— الإنكار؛
— التوقعات المفعمة بالأمل؛
— إساءة تفسير الأدلة لتأكيد معتقداتنا؛
— الرغبة في الحصول من "الزوار" على الخلاص وتوقُّعه منهم؛
— الاعتقاد بأن التكنولوجيا اللاأرضية ستنقذنا؛
— الشعور باليأس إزاء ما نفترض أنه قوة متفوقة والإذعان لها؛
— مطالبة الحكومات بالإفصاح وعدم مطالبة اللاأرضيين بالإفصاح؛
— إدانة القيادات والمؤسسات البشرية مع الاستمرار في قبول "الزوار" دون أي تشكك؛
— تبني افتراض مؤداه أنه بالنظر إلى أنهم لم يقوموا بمهاجمتنا أو غزونا، فلا بد أنهم هنا لمصلحتنا؛

— افتراض أن التكنولوجيا المتقدمة تعادل الأخلاقيات والروحانية المتقدمة؛

— الاعتقاد بأن هذه الظاهرة هي ضربٌ من الغموض في حين أنها في الحقيقة حدثٌ قابل للفهم؛

— الاعتقاد بأن لدى اللاأرضيين بشكل ما أحقيةً في البشرية وفي هذا الكوكب؛

— الاعتقاد بأن البشرية في هوّة لا خروج منها وأنه ليس بمقدورها الخروج منها بالاعتماد على نفسها فقط.

إحاطات حلفاء البشرية تتحدى هذه الافتراضات والميول وتنسف كثيرا من الأساطير التي نلوكها بشأن من يزوروننا وسبب وجودهم هنا.

إحاطات حلفاء البشرية تقدم لنا منظورا أوسع وفهما أعمق لمصيرنا في بانوراما أوسع من الحياة الذكية في الكون. ولكي نبلغ ذلك، لا يخاطب الحلفاء عقلنا التحليلي وإنما يخاطبون المعرفة الروحية، أي الجزء الأعمق من كياننا الذي يمكن فيه بشكل مباشر تمييز وتجربة الحقيقة، مهما وارتْها الغيوم.

كتاب حلفاء البشرية، الجزء الأول سيثير أسئلة كثيرة، ستتطلب مزيداً من البحث والتأمل. ولا ينصبُّ تركيز الكتاب على تقديم أسماء وتواريخ وأماكن وإنما على عرض منظور عن حضور اللاأرضيين في العالم وعن الحياة في الكون، وهو منظور لا يمكن لنا كبشر أن نمتلكه بخلاف ذلك. ومع أننا لا نزال نعيشُ في عزلة على سطح عالمنا، فإننا لا نستطيع بعد أن نرى ونعرف ما يحدث فيما يتعلق بالحياة الذكية خارج كوكبنا. ولهذا السبب نحتاجُ إلى مساعدة، مساعدة من نوع خارق للعادة. هذه المساعدة قد لا ندركها أو نقبلها في البداية. ولكنها هنا.

والهدفُ المعلن للحلفاء هو تنبيهُنا إلى خطر الظهور في مجتمع أعظم من الحياة الذكية ومساعدتُنا في تخطي هذه العتبة العظيمة بنجاح على نحو يمكن أن يحفظ للبشر حريَتهم وسيادَتهم وقدرتَهم على تقرير مصيرهم بأيديهم. الحلفاء هنا لإسداء المشورة لنا بشأن حاجة البشرية إلى وضع "قواعد الاشتباك" الخاصة بنا خلال هذا الوقت غير المسبوق. ووفقاً لما يذكره الحلفاء، إذا توافرت لنا الحكمة وكنا متأهبين ومتحدين، فسيكون بمقدورنا عندئذ أن نتبوأ موقعنا المقدَّر كعرق ناضج وحر في المجتمع الأعظم.

♦

على مدى الوقت الذي حدثت فيه هذه السلسلة من الإحاطات، كرر الحلفاء بعض الأفكار الأساسية التي شعروا أنها حيوية بالنسبة لفهمنا. ولقد أبقينا على حالات التكرار هذه في الكتاب حفاظا على المقصود من رسالتهم وعلى سلامتها. وبسبب الطبيعة العاجلة لرسالة الحلفاء وبسبب القوى الموجودة في العالم التي ستعارض هذه الرسالة، فإن هناك حكمة وضرورة وراء حالات التكرار هذه.

وعقب نشر الكتاب الأول من سلسلة حلفاء البشرية في عام ٢٠٠١، قدَّم الحلفاء مجموعةً ثانية من الإحاطات لإكمال رسالتهم الحيوية إلى البشر. ويتضمن الكتاب الثاني من حلفاء البشرية، الذي نشر في عام ٢٠٠٥، معلومات جديدة مذهلة عن التفاعلات بين الأعراق في كوننا المحلي وعن طبيعة الأعراق التي تتدخل في شؤون البشرية وهدفها وأنشطتها الأكثر خفاء. وبفضل القراء الذين شعروا بإلحاح رسالة الحلفاء وترجموا الإحاطات إلى لغات أخرى، أصبح هناك وعيٌ متزايد في جميع أنحاء العالم بحقيقة التدخل.

ونحن في مكتبة المعرفة الروحية الجديدة نعتبر أن هاتين المجموعتين من الإحاطات تحتويان على رسالة قد تكون من أهم الرسائل التي يجري إيصالها في العالم اليوم. إن كتاب حلفاء البشرية ليس مجرد كتاب آخر يتكهن عن ظاهرة الأجسام الطائرة المجهولة الهوية/ الكائنات اللاأرضية. بل هو رسالة تحويلية أصيلة هدفُها المباشر هو توضيح الهدف الأساسي لتدخل القوى اللاأرضية بغية زيادة الوعي الذي سنحتاج إليه لمواجهه التحديات والفرص الماثلة أمامنا.

— مكتبة المعرفة الروحية الجديدة

من هم
حلفاء البشرية؟

حلفاء البشرية يخدمون الإنسانية لأنهم يعملون على استرجاع المعرفة الروحية والتعبير عنها في كل مكان في المجتمع الأعظم. وهم يمثلون الحكماء في عوالم كثيرة الذين يدعمون هدفاً أعظم في الحياة. وهم يعرضون جميعاً قدرا أعظم من المعرفة الروحية والحكمة يمكن نقلها عبر مسافات شاسعة في الفضاء وعبر كل الحدود التي تفصل بين الأعراق والثقافات والأمزجة والبيئات. إن حكمتهم بالغة. ومهاراتهم عظيمة. وحضورهم مخفي. وهم يعرفونكم لأنهم يدركون أنكم عرق آخذ في الظهور، وبصدد الظهور في بيئة شديدة الصعوبة تحتدم فيها المنافسة في المجتمع الأعظم.

♦

روحانية المجتمع الأعظم

الفصل ١٧. من يخدم البشرية؟

... منذ أكثر من عشرين عاماً مضت، تجمعت مجموعة من الأفراد من عدة عوالم مختلفة في موقع سري في مجموعتنا الشمسية بالقرب من الأرض لهدف مراقبة الزيارات التي تقوم بها كائنات فضائية والتي تجري في عالمنا. وأمكن لهذه المجموعة من موقعها الاستطلاعي المخفي تحديد هوية أولئك الذين يزورون عالمنا ومعرفة تنظيمهم ونواياهم ورصد أنشطة الزوار.

هذه المجموعة من المراقبين تطلق على نفسها اسم "حلفاء البشرية."

وهذا هو تقريرها.

الإحاطات

◆

الإحاطة الأولى

الحضور من خارج كوكب الأرض في العالم اليوم

إنه لشرفٌ عظيمٌ لنا أن نتمكن من تقديم هذه المعلومات لكلّ من حالفه الحظُ منكم بشكلٍ كافٍ لسماع هذه الرسالة. نحن حلفاء البشرية. أتيحت إمكانية نقل هذه المعلومات بفضل حضور اللامرئيون، وهم المستشارون الروحيون الذين يشرفون على تطور الحياة الذكية في عالمكم وفي كل أرجاء المجتمع الأعظم من العالمين على حد السواء.

نحن لا نتواصلُ من خلال أي جهازٍ ميكانيكي، ولكن من خلال قناةٍ روحيةٍ خاليةٍ من التشويش. رغم أننا نعيش في الواقع المادي، مثلكم، فقد مُنحنا امتيازُ التواصل بهذه الطريقة من أجل إيصال المعلومات التي يجبُ أن نُطْلعَكم عليها.

نحن نمثل مجموعة صغيرة تراقب أحداث عالمكم. لقد جئنا من المجتمع الأعظم. نحن لا نتدخل في الشؤون البشرية. ليس لدينا مؤسسة هنا. إنما أُرسلنا لغايةٍ محددةٍ جداً، هي أن نكونَ شهوداً على الأحداث التي تقعُ في عالمكم وأن نتواصلَ معكم بعد أن أتيحت لنا فرصةُ التواصل لإبلاغكم بما نرى وبما نعلم. ذلك لأنّكم تعيشون على سطح عالمِكم لا يسعُكم رؤية الأحداث المحيطة به. كما أنه لا يسعُكم أن تروا بوضوح ما يحدثُ في عالمكم من زيارةٍ في هذا الوقت أو ما تحملُه من نُذر لمستقبلكم.

نودُ أن ندلي بشهادتنا على هذا. نحن نفعلُ ذلك بناءً على طلب اللامرئيين، لأننا أُرسلنا لهذه الغاية. ربما تبدو المعلومات التي نحن بصدد نقلها إليكم صعبةً للغاية ومذهلة. ربما تكون خارج توقعات العديد ممن

سيسمعون هذه الرسالة. نحن نفهم هذه الصعوبة، لأنه كان علينا مواجهتها داخل ثقافاتنا.

لدى سماعكم هذه المعلومات، قد تجدون صعوبةً في تقبلها في البداية، لكنها حيوية لكل من يسعى إلى المساهمة في العالم.

لقد أمضينا سنواتٍ كثيرة ونحن نراقب شؤونَ عالمكم. نحن لا نسعى إلى إقامة علاقات مع البشرية. نحن لسنا هنا في مهمةٍ دبلوماسية. إنما أُرسلِنا بواسطة اللامرئيين لنعيش في جوار عالمكم لكي نراقب الأحداث التي نحن بصدد وصفِها.

أسماؤنا ليست مهمة. لن تعني لكم شيئاً. ولن نفصح عنها لسلامتنا الشخصية، لأننا يجبُ أن نبقى مختبئين حتى نتمكن من الخدمة.

بدايةً، من الضروري أن يفهمَ الناس في كل مكانٍ أن البشرية بصدد الظهور في مجتمع أعظم من الحياة الذكية. تحدثُ في عالمكم حالياً "زيارةً" تقوم بها عدة أعراق من خارج الأرض وعدة منظمات مختلفة من الأعراق. هذا الأمر يجري بشكلٍ نشط منذ فترة. مع أن عالمكم شهد زيارات على مدى تاريخ الإنسان، فإنها لم تكن قط بهذه الضخامة. فقد أدى مجيءُ الأسلحة النووية ودمارُ عالمكم الطبيعي إلى جلب هذه القوى إلى شواطئكم.

نفهمُ أن كثيراً من الناس في العالم اليوم قد بدأوا يدركون أن هذا الأمر يحدُث. نفهمُ كذلك أن هناك تفسيرات كثيرة لهذه الزيارة، بشأن ما يمكن أن تعنيه وما يمكن أن تقدمه. ويشعرُ كثيرٌ من الأشخاص الذين يعون هذه الأمور بتفاؤلٍ كبير ويرتقبون فوائد عظيمة للبشرية. نحن نفهم ذلك. من الطبيعي توقعُ ذلك. من الطبيعي أن يكون هناك شعورٌ بالتفاؤل.

لقد أصبحت الزيارة في عالمكم الآن شديدةَ الكثافة، إلى حد أن الناس في جميع أنحاء العالم أصبحوا يشهدونها ويختبرون آثارها بشكلٍ مباشر. إن ما جاء بهؤلاء "الزُوَّار" من المجتمع الأعظم، بهذه المنظمات المختلفة من الكائنات، ليس هو العمل على دفع البشرية قُدماً أو النهوض بالتعليم الروحي للبشرية. إن ما جاء بهذه القوى إلى شواطئكم بهذه الأعداد وبهذه النيَّة هي الموارد التي يحويها عالمكم.

نحن نفهم أنه قد يكون من الصعب قبول الأمر في البداية لأنه ليس بمقدوركم بعدُ تقدير مدى جمال عالمكم، ومقدار ما يمتلكه، وكم هو جوهرة نادرة في مجتمع أعظم من العوالم القاحلة والفضاء الخاوي. إن عوالم كعالمكم هي نادرة حقاً. معظم الأماكن في المجتمع الأعظم المأهولة الآن قد استُعمرت، وهو أمرٌ أتاحته التكنولوجيا. أما العوالم الشبيهة بعالمكم التي تطورت فيها الحياة بشكلٍ طبيعي، بدون مساعدة التكنولوجيا، فهي أندر بكثير مما يمكنكم إستيعابه. هذا أمرٌ يوليه آخرون اهتماماً عظيماً، بالطبع، لأن الموارد

البيولوجية في عالمكم استخدمتْها عدةُ أعراق على مدى آلاف السنين. ويعتبر البعض أن الكوكب مخزنٌ. ومع ذلك، فإن تطور الثقافة البشرية والأسلحة الخطرة وتدهور هذه الموارد أدى إلى التدخل الفضائي.

لعلكم تتساءلون لماذا لا تنشأ جهود دبلوماسية للاتصال بقادة البشرية. من المنطقي طرح هذا للسؤال، إلا أن الصعوبة هنا تكمن في أنه لا يوجد أحد لتمثيل البشرية، لأن شعوبكم منقسمة، وأممكم تعارض بعضها بعضا. يفترض أيضاً هؤلاء الزُوّار الذين نتحدث عنهم أن لديكم نزعة للحرب والعدوان وأنّكم ستلحقون الضرر بالكون حولكم وتشيعون فيه العداء برغم ما لكم من خصال حميدة.

لذلك، في خطابنا نريدُ أن نعطيكم فكرةٍ عما يحدث، وما سيعنيه للبشرية، صلته بتطوركم الروحي، وتطوركم الاجتماعي، ومستقبلكم في العالم وفي المجتمع الأعظم من العالمين نفسه.

الناس ليسوا على وعي بحضور قوى فضائية، ليسوا على وعي بحضور مستكشِفي الموارد، بمن يسعَون إلى إقامة تحالف مع البشرية لتحقيق منافع خاصة بهم. ربما يجدر بنا أن نبدأ هنا بإعطائكم فكرة عن شكل الحياة خارج شواطئكم، لأنّكم لم ترتحلوا بعيداً ولا تستطيعون تفسير هذه الأشياء بأنفسكم.

أنتم تعيشون في جزءٍ من المجرة مأهول بشكلٍ كبير. ليست كل أجزاء المجرة مأهولة على هذا النحو. هناك مناطق عظيمة غير مستكشَفة. هناك أعراقٌ كثيرة مختبئة. لا تزاوَل المعاملات التجارية والمقايضة التجارية بين العوالم إلا في مناطق معينة. فالبيئة التي ستظهرون فيها هي بيئةٌ يحتدم فيها التنافس. إن الحاجةُ إلى الموارد هي حاجةٌ ملموسة في كل مكان، وهناك مجتمعات تكنولوجية كثيرة جرَّدت عالمها من موارده الطبيعية وبات لزاماً عليها الدخول في معاملات المقايضة التجارية والمفاصلة والسفر للحصول على ما يحتاجون إليه. إنه وضعٌ شديد التعقيد. لقد تشكّلت تحالفات كثيرة وتحدث بالفعل صراعات.

لعله من الضروري في هذه المرحلة أن تدركوا أن المجتمع الأعظم الذي أنتم بصدد الظهور فيه هو بيئة صعبة ومليئة بالتحديات، ومع ذلك فهي بيئةٌ تطرح فرصةً عظيمة وإمكانيات عظيمة للبشرية. لكن حتى يتسنى تحقيق هذه الإمكانيات وهذه المزايا، يجب على البشرية التحضير وأن تبدأ في تعلم شكل الحياة في الكون. ويجب أن تبدأ في فهم ما تعنيه الروحانية ضمن مجتمع أعظم من الحياة الذكية.

نحن نفهم من تاريخنا الشخصي أن هذه هي أعظم عتبة سيواجهُها أي عالم على الإطلاق. غير أن هذا ليس أمراً تستطيعون التخطيط له بأنفسكم. إنه ليس أمراً تستطيعون تصميمه لمستقبلكم. لأن القوى ذاتها التي ستأتي بواقع المجتمع الأعظم هنا موجودة بالفعل في العالم. قد أحضرتها الظروف إلى هنا. وهي هنا.

لعل هذا يعطيكم فكرة عن شكل الحياة خارج حدودكم. إننا لا نريد أن نخلق فكرة مخيفة، لكن من الضروري لرفاهكم ولمستقبلكم أن يكون لديكم تقييمٌ صادق وأن تبدأوا في رؤية هذه الأمور بوضوح.

إن ضرورة التحضير للحياة في المجتمع الأعظم، كما نشعر، هي أعظمُ ضرورة في عالمكم اليوم. ومع ذلك، فإن الناس، من واقع مشاهداتنا، مشغولون بشؤونهم الخاصة ومشاكلهم الخاصة في حياتهم اليومية، غافلون عن القوى العظمى التي ستغير مصيرهم وتؤثر على مستقبلهم.

إن القوى والجماعات الموجودة هنا اليوم تمثل عدة تحالفات مختلفة. وهذه التحالفات المختلفة ليست متحدة في جهودها. يمثل كل تحالف عدة جماعات مختلفة من الأعراق التي تتعاون بهدف الوصول إلى موارد عالمكم والحفاظ على إمكانية الوصول هذه. هذه التحالفات المختلفة تتنافس بالأساس مع بعضها البعض برغم أنها ليست في حرب مع بعضها البعض. إنها تنظر إلى عالمكم باعتباره جائزةٍ عظيمة، باعتباره شيئاً يريدون الحصول عليه لأنفسهم.

هذا يخلقُ تحدياً عظيماً لشعوبكم، لأن القوى التي تزوركم ليس لديها تكنولوجيا متقدمة فحسب، بل لديها أيضاً تماسك اجتماعي شديد وقدرة التأثير على الفكر في البيئة العقلية. كما ترون، فإن الحصول على التكنولوجيا في المجتمع الأعظم أمرٌ يسير، ولذا فإن الميزة العظمى بين المجتمعات المتنافسة هي قدرة التأثير على الفكر. لهذه القدرة عروض شديدة التعقيد. وهي تمثل مجموعة مهارات لم تبدأ البشرية في اكتشافها إلا تواً.

نتيجةً لذلك، لا يأتي زُوّاركم مدجّجين بأسلحةٍ فتاكة أو في جيوشً جرارة أو في أساطيل ضخمة. إنهم يأتون في جماعاتٍ صغيرة نسبياً، ولكنهم يملكون مهارةً عظيمةً في التأثير على الناس. هذا يمثل استخداماً أكثر تطوراً ونضجاً للقوة في المجتمع الأعظم. هذه القدرة هي التي سيتعيّن على البشرية إنماؤها في المستقبل حتى يتسنى لها التعامل بنجاح مع الأعراق الأخرى.

إن الزُوَّار هُنا لكسب ولاء البشرية. هم لا يريدون تدمير المؤسسات البشرية أو الحضور البشري. إنما يرغبون في استخدام البشر ومؤسساتهم بما يحقق النفع لهم. إنّ النية التي يضمرونها هي التوظيف لا التدمير. هم يشعرون أنهم على حق لأنهم مؤمنين أنهم ينقذون العالم. بل إن بعضهم يعتقد أنهم ينقذون البشرية من نفسها. لكن هذا المنظور لا يخدم مصالحكم العظمى، كما أنه لا يدعم الحكمة أو تقرير المصير الذاتي داخل الأسرة البشرية.

لكن بسبب وجود قوى الخير داخل المجتمع الأعظم من العالمين، لديكم حلفاء. نحن نمثل صوت حلفائكم، حلفاء البشرية. نحن لسنا هنا لاستخدام مواردكم أو سَلبكم ما تملكون. ولا نسعى إلى تحويل الإنسانية إلى دولة عميلة أو مستعمرة لاستخدامنا الشخصي. بل نرغب في تدعيم الشدة والحكمة داخل البشرية لأننا ندعم ذلك في جميع أنحاء المجتمع الأعظم.

دورُنا إذن أساسي للغاية، والمعلومات التي بحوزتنا مطلوبةٌ بشدَّة لأن حتى الذين يعلمون بوجود الزُوَّار في هذا الوقت ليسوا على وعي بعد بنواياهم. الناس لا يفهمون أساليب الزُوَّار. ولا يفهمون أخلاق الزوار أو مبادئهم الأخلاقية. الناس يعتقدون أن الزُوَّار إما ملائكة أو وحوش. إلا أنهم في الواقع يشبهونكم كثيراً في احتياجاتهم. ولو كان لكم أن تروا العالم بأعينهم، لفهمتم وعيهم ودوافعهم. ولكن لكي تفعلوا ذلك، سيتعيَّن عليكم أن تغامروا بتخطي وعيكم ودوافعكم أنتم أنفسكم.

ينخرطُ الزُوَّار في أربعة أنشطةٍ أساسية من أجل كسب النفوذ داخل عالمكم. رغم أن كل نشاط من هذه الأنشطة فريدٌ من نوعه فإنه يجمعها كلُّها نسقٌ واحد. ويجري حالياً تنفيذها لأن البشرية تجري دراستها مُنذ أمدٍ بعيد. تجري مُنذ فترة دراسة الفكر البشري، والسلوك البشري، وعلم وظائف الأعضاء البشرية، والدين البشري. كل هذه الأمور يفهمها زُوَّاركم بشكلٍ جيد ويستخدمونها لتحقيق مآربهم.

أولُ مجالٍ من مجالات أنشطة الزُوَّار هو التأثيرُ على الأفراد في مناصب القوة والسُلطة. فنظراً لأن الزُوَّار لا يريدون تدمير أي شيء في العالم أو الإضرار بموارده، فهم يسعون لكسب التأثير على من يتصورون أنهم في مناصب القوة، داخل الحكومة والمؤسسة الدينية في المقام الأول. إنهم يسعون للاتصال، ولكن فقط مع أفراد معينين. هم يملكون القدرة على إقامة هذا الاتصال، كما يملكون القدرة على الإقناع. مع أنّهم لن يُقنعوا كل من يتواصلون معه، فإن كثيرين سيقتنعون. فالوعدُ بالمزيد من القوة، والمزيد من التكنولوجيا، والهيمنة العالمية ستحرِّك شيئاً في نفوس الكثيرين وتستثيرهم. وهؤلاء هم الذين سيسعى الزُوَّار إلى إقامة تنسيق معهم.

رغم أن هذا التأثير لم يطَلْ إلا عدداً قليلا جداً من الأشخاص في حكومات العالم فإن أعدادهم آخذة في الازدياد. الزُوّار يفهمون الهيكل الهرمي للسلطة لأنهم هم أنفسهم يعيشون وفق هذا الهيكل، حيث يتبعون التسلسل القيادي الخاص بهم، إن جاز التعبير. هم على درجة عالية من التنظيم والتركيز في مساعيهم، وفكرةُ وجود ثقافات مليئة بأفراد من ذوي التفكير الحر هي فكرةٌ غريبةٌ عليهم إلى حدٍ كبير. هم لا يفهمون كلياً أو جزئياً حريةَ الفرد. إنهم مثل الكثير من المجتمعات المتقدمة تكنولوجياً في المجتمع الأعظم الذين يعملون داخل العوالم الخاصة بكل منهم وفي مؤسساتهم عبر مساحات شاسعة من الفضاء، يستخدمون شكلاً شديد الرسوخ والتصلب من الحُكم والتنظيم. هم يؤمنون أن البشر فوضويين ويفتقرون إلى الانضباط، ويشعرون أنهم يجلبون النظام إلى وضع يعجزون هم أنفسهم عن فهمه. الحرية الفردية غير معروفة لهم، ولا يرون قيمتها. ونتيجةً لذلك، فإن ما يسعون إلى تأسيسه في العالم لن يقيم وزناً لهذه الحرية.

لذلك، فإن أول مجال في مساعيهم هو إقامة تنسيق مع أشخاصٍ في مواقع السُلطة والنفوذ لكسب ولائهم ولإقناعهم بالجوانب المفيدة من العلاقة والغاية المشتركة.

المجالُ الثاني من مجال الأنشطة، والذي ربما يكون النظر فيه هو الأصعب من منظوركم، هو التلاعب بالقيم والدوافع الدينية. فالزُوّار يفهمون أن أعظم قدرات الإنسانية تمثل أيضاً أعظم موطن يُعرِضها للخطر. يمثل حنين كل إنسان للخلاص واحدةً من أقيَم الخصال التي يجب على الأسرة البشرية تقديمها، حتى في المجتمع الأعظم. إلا أنها هي أيضاً موطن ضعفكم. وهذه الدوافع وهذه القيم هي التي سيتم استخدامها.

ترغبُ عدة مجموعات من الزُوّار أن تصوِّر نفسها وكأنهم وكلاء روحيين لأنهم يعرفون كيف يتكلمون في البيئة العقلية. فهؤلاء الزُوّار يستطيعون التواصل مع الناس بشكلٍ مباشر، ومن سوء الحظ أن قلةً قليلة من الناس في العالم فقط هي القادرة على تمييز الفرق بين الصوت الروحي وصوت الزوّار، ولذلك يصبح الوضع صعباً للغاية.

لذلك، فإن مجال النشاط الثاني هو كسبُ ولاء الناس من خلال دوافعهم الدينية والروحية. هذا في الواقع أمرٌ يمكن القيام به بسهولة كبيرة لأن البشرية لم تبلغ بعد مرحلة الشدة والتطور في البيئة العقلية. من الصعب على الناس تمييز مصدر هذه الدوافع. هناك أشخاص كثيرون يريدون أن يذعنوا لأي شيء يعتقدون أنه صوتاً أعظم أو أشدُّ قوةً. وبمقدور زُوّاركم عرض صور في مخيلاتكم، لقديسيكم ولمعلميكم وللملائكة، صور تحظى في عالمكم بالإجلال والتقديس. لقد أمكنهم صقل هذه القدرة عبر قرون وقرون حاولوا

خلالها التأثير على بعضهم البعض وعن طريق تعلم طرق الإقناع التي تطبّق في أماكن كثيرة في المجتمع الأعظم. إنهم يعتبرونكم بدائيين، ولذلك يشعرون بأن بمقدورهم ممارسة هذا التأثير وإستخدام هذه الأساليب عليكم.

ضِمن هذا المجال، تجري محاولةُ التواصل مع الأشخاص الذين يُرى أن لديهم حساسيةً ونزوعاً للتقبل واستعداداً طبيعياً للتعاون. سيتم انتقاءُ كثيرين، إلا أن الاختيار سيقعُ على قليلين بناءً على هذه الخصائص المحددة. وسيسعى زُوّاركم إلى كسب ولاء هؤلاء الأشخاص وكسبِ ثقتهم وكسب إخلاصهم، بإخبار المتلقّين بأن الزُوّار إنما هم في الأرض للارتقاء بالإنسانية روحياً، ولإعطاء الإنسانية أملاً جديداً، وبركةً جديدة، وقوةً جديدة، فعلياً بتقديم وعود بالأشياء التي يصبو الناسُ إليها ولكن لم يجدوها بعد بأنفسهم. وربما تتساءلون، "كيف يمكن أن يحدث مثل هذا الشيء؟" لكن يمكننا أن نؤكد لكم أن هذا الشيء ليس صعباً عندما تتعلموا هذه المهارات والقدرات.

في هذا المجال، يتركّز الجهدُ على تهدئة الناس وإعادة تعليمهم من خلال الإقناع الروحي. يختلفُ استخدام "برنامج التهدئة" باختلاف المجموعات الدينية بحسب مُثُلهم ومزاجهم. يستهدف البرنامجُ دائماً الأشخاص الذين لديهم نزوع للتقبل. وفي هذا الجهد، يُعقد الأمل على أن يفقد البشُر حاسة التمييز الخاصة بهم وأن يولوا ثقتَهم بالكامل للقوة العظمى التي يشعرون أن الزُوّار يقدمونها لهم. وما أن ينشأ هذا الولاء، يصبح من الصعب بشكلٍ متزايد على الناس تمييز ما يعرفونه داخل أنفسهم عما يقال لهم. إنه شكل مُستَتِر جداً من أشكال الإقناع والتلاعب ولكنه شديد الاختراق. سوف نُسهب في هذه المسألة مع مضينا قدماً.

دعونا الآن نذكر مجالَ الأنشطة الثالث، وهو ترسيخ حضور الزُوّار في العالم وجعل الناس معتادين على هذا الحضور. يريد الزُوّار أن تتأقلم البشرية مع هذا التغيُّر العظيم الذي يحدثُ في وسطكم — أن تتأقلموا مع حضور الزُوّار المادي ومع تأثيرهم على بيئتكم العقلية الشخصيه. وفي سبيل تحقيق هذا الهدف، سيقومون بإنشاء مؤسسات هنا، ولكن بعيداً عن الأعين. وهذه المؤسسات ستُخبأ ولكن ستكون بالغة القوة في التأثير على التجمعات البشرية القريبة منها. سيتوخى الزُوّار عنايةً فائقة وسيعملون بتريث للتأكد من أن هذه المؤسسات فعالة وأن عدداً كافياً من الناس يدينون لهم بالولاء. هؤلاء الأشخاص هم الذين سيحمون حضور الزُوّار ويحافظون عليه.

هذا هو ما يحدثُ بالضبط في عالمكم في هذا الوقت. وهو يمثل تحدياً بالغاً ويشكّل لسوء الحظ خطراً عظيماً. هذا الشيء نفسه الذي نصفُه هنا هو ما حدث مراراً في أماكن

كثيرة جداً في المجتمع الأعظم. والأعراق الآخذة في الظهور كعرقكم هم دائماً الأكثر عرضة للخطر. بعض الأعراق الآخذة في الظهور لديها القدرة على تأسيس درجة من الوعي والقدرة والتعاون تمكّنها من صد التأثيرات الخارجية من قبيل هذه التأثيرات وتأسيس حضور ومكانة في المجتمع الأعظم. إلا أن كثيرا من الأعراق تقع تحت سيطرة وتأثير القوى الأجنبية قبل أن تنال حتى هذه الحرية.

نحن نفهم أن هذه المعلومات قد تثير قدْراً لا يستهان به من الخوف وربما الإنكار أو الالتباس. لكن مع مراقبتنا للأحداث، ندركُ أن الوضع بشكله القائم فعلياً لا يعيه إلا عددٌ قليلٌ جداً من الناس. حتى الأشخاص الذين بدأ يتنامى إلى وعيهم أنه تحضر في الأرض قوى فضائية لا هُم في وضعٍ ولا في موقعٍ استطلاعي يتيحان لهم رؤيةَ الوضع بوضوح. ولأنهم مفعمون دوماً بالأمل والتفاؤل، فإنهم يسعون إلى إضفاء أكبر معنى إيجابي مُمكن على هذه الظاهرة العظيمة.

مع ذلك، فإن المجتمع الأعظم هو بيئةٌ تنافسية مليئةٌ بالصعوبات. فالذين يشاركون في السفر عبر الفضاء لا يمثّلون بالضرورة المتطورين روحياً، لأن المتطورين روحياً يسعون إلى الانعزال عن المجتمع الأعظم. لا هم يسعون إلى التجارة. كما أنهم لا يسعون إلى التأثير على الأعراق الأخرى أو الدخول في تشكيلةٍ شديدة التعقيد من العلاقات التي تؤسَّس لأغراض المقايضة التجارية وتحقيق المنفعة المتبادلة. بدلاً من ذلك، يسعى المتطورون روحياً إلى البقاء مختبئين. ربما يكون هذا فهماً مختلفاً جداً، لكنه ضروريٌ لكي تبدأوا في فهم المأزق العظيم الذي تواجهه البشرية. ومع ذلك، ينطوي هذا المأزق على إمكانيات عظيمة. ونود أن نتحدَّثَ عن هذه الإمكانيات الآن.

على الرغم من خطورة الموقف الذي نصفُه، فإننا لا نشعرُ أن هذه الظروف تشكل مأساة للبشرية. في الواقع، إذا أمكن معرفة هذه الظروف وفهمها، وإذا أمكن الاستفادة من التحضير الخاص بالمجتمع الأعظم، وهو موجودٌ الآن في عالمكم، ودراستُه وتطبيقه، فستتوفر لكل من له ضمير خيِّر من الناس في أي مكان القدرة على تعلم المعرفة الروحية والحكمة المقدمتين من المجتمع الأعظم. من ثم، ستكون لدى الناس في كل مكان القدرة على إيجاد أساس للتعاون بحيث يتسنى للأسرة البشرية في نهاية المطاف بناءُ وحدةٍ لم تُبن في الأرض من قبل. لأن الوضعَ يتطلّبُ أن يلقي المجتمع الأعظم بظلاله على البشرية لكي تتحد. وذلك هو ما يحدث الآن.

إن ظهوركم في المجتمع الأعظم من الحياة الذكية هو حتميةٌ يقتضيها تطوركم. وهو سيحدث سواء أكنتم مستعدين أم لا. إنه أمرٌ لا مفر منه. يصبح التحضيرُ إذن هو المفتاح. ولا بدّ من الفهم والوضوح، فهذان أمران ضروريان ومطلوبان في عالمكم في هذا الوقت.

إن لدى الناس في كل مكان هدايا روحيةً عظيمةً تمكّنهم من الرؤية ومن المعرفة بوضوح. وهذه الهدايا أصبحت مطلوبة الآن. ويتعيَّن معرفتها وتوظيفها وتناقلها بحرية مع الآخرين. لا يعود الأمر إلى معلم عظيم أو قديس عظيم في عالمكم فقط للقيام بذلك. بل أصبح من الضروري الآن أن يقوم عددٌ أكبر بكثير من الناس بتنميتها. لأن الحالة تجلبُ معها الضرورة، وإذا أمكن تقبُّل الضرورة، فإنها تجلب معها فرصةً عظيمة.

إلا أن متطلّبات التعلُّم عن المجتمع الأعظم والبدء في معايشة تجربة روحانية المجتمع الأعظم هائلة. لم يحدثْ قط أن اضطُر الإنسان إلى تعلُّم مثل هذه الأمور في فترة بهذا القِصر. في الواقع، نادراً ما تعلَّم أيُ شخص في عالمكم أشياءً كهذه من قبل. لكن الآن الحاجة تغيَّرت. والظروف اختلفت. أصبحت هناك الآن تأثيراتٌ في وسطكم، تأثيرات يمكنكم الشعور بها ويمكنكم معرفتها.

يسعى الزُوَّار إلى إعاقة الناس عن امتلاك هذه الرؤية وهذه المعرفة الروحية داخل أنفسهم، لأن زُوَّاركم لا يملكونها داخل أنفسهم. وهم لا يرون قيمتها. ولا يفهمون حقيقتها. وفي هذا الخصوص، فإن البشرية ككلّ أكثر تقدماً منهم. إلا أن ذلك هو مجرد إمكانية، إمكانية يجب صقلها الآن.

إن حضور كائنات فضائية في العالم يتزايد. وهو يتزايد يوماً بعد يوم، وعاماً بعد عام. وتقع أعدادٌ أكبر بكثير من الناس تحت وطأة إقناعهم، فيفقدون قدرتهم على المعرفة، وتختلط عليهم الأمور وتتشتَّت أفكارهم، ويؤمنون بأشياءٍ لا يمكن أن تزيدهم إلا ضعفاً وتجعلهم عاجزين أمام من يسعون إلى استغلالهم لمآربهم الخاصة.

البشرية عرقٌ آخذٌ في الظهور. وهي عرضةٌ للخطر. هي تواجه حالياً مجموعةً من الظروف والتأثيرات لم تضطر إلى مواجهتها من قبل. فأنتم لم تتطوروا إلا لينافسَ بعضُكم البعض. ولم يسبق لكم قط التنافس مع أشكال أخرى من الحياة الذكية. ومع ذلك، فإن هذه المنافسة هي التي ستشدُّ عضدَكم وتستنهض أعظم خصالكم إذا أمكن رؤية الموقف وفهمه بوضوح.

إن دور اللامرئيين هو تدعيمُ هذه الشدة. فالكيانات اللامرئية، الذين يمكن أن تسمّوهم بحق ملائكة، لا يتكلَّمون إلى قلب الإنسان فقط بل يتكلمون إلى أي قلب في أي مكان يكون قادراً على الاستماع ويكون قد اكتسبَ حريةَ الاستماع.

إننا نأتي إذن برسالةٍ صعبة، لكنها رسالةُ وعدٍ وأمل. ربما لا تكون هي الرسالة التي يريد الناس سماعها. وهي بالتأكيد ليست الرسالة التي سيعمل الزُوَّار على إيصالها. إنها رسالةٌ يمكن تناقلها من شخص إلى شخص، وسيتم تناقلها لأنه من الطبيعي فعل ذلك. إلا أن الزُوَّار ومَن تأثروا بإقناعهم سيعارضون مثل هذا الوعي. فهم لا يريدون أن يروا بشريةً مستقلة. هذا ليس هدفهم. إنهم حتى لا يؤمنون أن ذلك أمرٌ مفيد. لذلك، فإن رغبتّنا المخلصة هي أن يُنظرَ في هذه الأفكار بدون ذُعر، لكن بعقل جاد وبقلق عميق، ولذلك مبررات جيدة هنا.

نفهمُ أن كثيرين في العالم اليوم يشعرون بأن هناك تغيراً عظيماً قادماً للبشرية. وتلك أمورٌ أخبرنا بها اللامرئيون. وهذا الإحساس بالتغيير يُعزى إلى أسباب كثيرة. وهناك نتائجٌ كثيرة يمكن التنبؤ بها. ولكن ما لم تبدأوا في فهم حقيقة أن البشرية بصدد الظهور في مجتمع أعظم من الحياة الذكية، فلن يكون لديكم بعدُ إلمامٌ بالسياق الصحيح لفهم مصير البشرية أو التغيير العظيم الذي يحدث في العالم.

من منظورنا، يولَدُ كلُّ شخص في الوقت الخاص به لكي يخدم ذلك الوقت. هذا جزء من التعاليم في روحانية المجتمع الأعظم، وهو تعليم نحن أيضاً من طلابه. إنه يُعلِم الحرية وقوة الهدف المشترك. وهو يمنح السلطة للفرد ولكل من يستطيع ضم جهوده إلى جهود الآخرين، وهذه أفكار يندر تُقبلها أو تبنيها في المجتمع الأعظم، لأن المجتمع الأعظم ليس حالة فردوسية. بل هو واقع مادي بكل ما يعنيه ذلك من قساوة السعي للبقاء وكل ما يتبع ذلك. في هذا الواقع، يتعيَّن على جميع الكائنات أن تعمل جاهدة على تلبية هذه الاحتياجات والتصدي لهذه المسائل. وفي هذا الخصوص، فإن زُوَّاركم أكثر شبهاً بكم مما تدركون. وهم لا يستعصون على الفهم. هم يسعون إلى أن يكونوا مستعصين على الفهم لو أمكن لهم ذلك، إلا أنه يمكن فهمهم. ولديكم القدرة على ذلك، لكن يجب أن تنظروا بأعين لا غشاوة عليها. يجب أن تنظروا برؤية عظمى وتعرفوا بذكاء أعظم، وهو أمر بإمكانكم تنميته داخل أنفسكم.

من الضروري الآن أن نتكلَّم بمزيدٍ من الإسهاب عن المجال الثاني من التأثير والإقناع لأن ذلك أمرٌ شديد الأهمية، ولدينا رغبةٌ صادقة في أن تفهموا هذه الأشياء وتتدبروها لأنفسكم.

تملك أديانُ العالم مفتاح تفاني البشر وولائهم، أكثر من الحكومات، وأكثر من أي مؤسسةٍ أخرى. هذا أمرٌ تمتاز به البشرية لأنه كثيراً ما يصعب العثور على أديان كهذه في المجتمع الأعظم. وعالمُكم غني في هذا الصدد، لكن موطن شدتكم هو أيضاً موطن عرضتكم للخطر وانكشافكم. فكثيرٌ من الناس يريدون هداية وتنصيباً إلهيين، وتسليمَ زمام حياتهم لغيرهم، وامتلاكَ قوة روحية أعظم توجههم، وتنصحهم، وتحفظهم. هذه رغبةٌ أصيلة، لكن

في سياق المجتمع الأعظم، يجب العمل على صقل حكمة ضخمة لكي تتحقق هذه الرغبة. إنه لأمرٌ محزن لنا أن نرى كيف سيتخلى الناس عن سلطتهم بهذه السهولة — وهو شيءٌ لم يملكوه حتى من قبل بشكلٍ كامل، شيء سيتخلون عنه بملء إرادتهم لكائنات لا معرفة لهم بها.

الوجهةُ المقصودةُ لهذه الرسالة هي أن تبلُغَ أصحابَ الميول الروحية الأعظم. لذلك، من الضروري أن نتوسع في هذا الموضوع. نحن ندعو إلى روحانية يتم تعليمُها في المجتمع الأعظم، لا الروحانية التي تحكمُها الأممُ، أو الحكومات، أو التحالفات السياسية، ولكن روحانية طبيعية، أي القدرة على المعرفة، والرؤية، والتصرف. ومع ذلك، فإن هذا أمرٌ لا يؤكد عليه زُوَّاركم. فهم يسعون إلى جعل الناس يعتقدون أن الزُوَّار هم أُسرتهم، وأن الزُوَّار هم وطنُهم، وأن الزُوَّار هم إخوانُهم وأخواتهم، وأمهاتهم وآباؤهم. الكثير من الناس يريدون أن يؤمنوا بذلك، فيكون ذلك هو ما يؤمنون. الناس يريدون التخلي لغيرهم عن سلطتهم الشخصية، ومن ثم يتم التخلي عنها. الناس يريدون أن يَروا في الزُوَّار أصدقاء وأن يَروا فيهم الخلاص، فيكون ذلك هو ما يُرَون.

سيتطلَّب الأمر قدراً عظيماً من الرصانة والموضوعية لكي تروا من خلال هذه الخدع وهذه الصعوبات. سيكون من الضروري أن يقوم الناس بذلك إن كان للبشرية أن تظهر بنجاح في المجتمع الأعظم وتحتفظ بحُريتها وحقها في تقرير مصيرها في بيئة من التأثيرات الأعظم والقوى الأعظم. وفي هذا الخصوص، يمكن الاستيلاء على عالمكم دون إطلاق رصاصة واحدة، لأن العنف يُعتبر بدائياً وفجاً ونادراً ما يُوظف في أمور كهذه.

ربما تسأل، "هل هذا يعني أن هناك غزواً لعالمنا؟" يجب أن نقول إن الجواب هو "نعم"، وهو غزو من نوع مستتر إلى أبعد الحدود. وإذا كان بإمكانك التفكر في هذه الأمور والنظر فيها بجدية، فسيكون بإمكانك رؤية هذه الأشياء بنفسك. والأدلة على هذا الغزو موجودة في كل مكان. يمكنك أن ترى كيف أن قدرة الإنسان تقابلها في الجانب الاخر رغبته في السعادة والسلام والأمن، وكيف أن رؤية البشر وقدرتهم على المعرفة تعيقهما التأثيرات حتى داخل ثقافاتهم. وكم ستكون هذه التأثيرات أقوى داخل بيئة المجتمع الأعظم.

هذه هي الرسالةُ الصعبة، التي يجبُ أن نَعرضَها. هذه هي الرسالة التي يجب أن تقال، الحقيقة التي يجب أن تُنطَق، الحقيقة التي هي حيوية ولا تحتمل التأخير. إنه من الضروري جداً أن يتعلَّم الناس الآن معرفةً روحية أعظم، وحكمةً أعظم، وروحانيةً أعظم حتى يتسنى لهم العثورُ على قدراتهم الحقيقية ويتمكنوا من استخدامها بفعالية.

إن حُرِّيتكم على المحك. ومستقبل عالمكم على المحك. وهذا هو السبب الذي أُرسلنا من أجله هنا للتحدث باسم حلفاء البشرية. إن في الكون كائنات تعمل على إبقاء شعلة المعرفة الروحية والحكمة مشتعلة وتمارس روحانية المجتمع الأعظم. هذه الكائنات لا ترتحل هنا وهناك، لتلقي تأثيرها على عوالم مختلفة. وهي لا تأخذُ الناس قسراً. ولا تسرقُ حيواناتكم ونباتاتكم. ولا تُلقي تأثيرها على حكوماتكم. ولا تسعى إلى التهجين مع بشر من أجل خلق قيادة جديدة هنا. إن حلفائكم لا يتدخلون في الشؤون البشرية. ولا يتلاعبون بمصير البشرية. وإنما يراقبون الأمور من بعيد ويرسلون مبعوثين مثلنا، على ما فيه من خطرٍ عظيم علينا، لإسداء المشورة وشحذ الهمم وتوضيح ما يستشكل من أمور عند اللزوم. لذلك، فإننا نأتي في سلام ومعنا رسالة حيوية.

والآن يجبُ أن نتحدَّثَ عن المجال الرابع الذي يسعى من خلاله زُوَّاركم إلى ترسيخ وجودهم في الأرض، ألا وهو التهجين. إنهم لا يستطيعون العيشَ في بيئتكم. يحتاجون إلى قدرتكم البدنية على التحمُّل. يحتاجون إلى تآلفكم الطبيعي مع العالم. يحتاجون إلى قُدراتكم على الإنجاب. إنهم يريدون أيضاً بناءَ الروابط معكم لأنهم يفهمون أن ذلك يخلقُ الولاء. وهذا يؤدي بطريقةٍ ما إلى ترسيخ حضورهم هنا لأن النسل الذي ينشأ عن هذا البرنامج ستكون له علاقاتُ دم في العالم ولكن سيكون ولاؤه للزُوَّار. ربما يبدو ذلك أمراً يتعذَّرُ تصديقه، إلا أنه الحقُّ بعينه.

إن الزُوَّار ليسوا هنا ليسلبوكم قدراتكم الإنجابية. بل هم هنا لترسيخ أقدامهم. إنهم يريدون من البشر أن يؤمنوا بهم ويخدموهم. يريدون من البشر أن يعملوا من أجلهم. وفي سبيل هذه الغاية، سيقدِّمون وعوداً بأي شيء، ويَعرضون أي شيء، ويفعلون أي شيء. ولكن على الرغم من قدرتهم العظيمة على الإقناع، فإن أعدادَهم قليلة. غير أن تأثيرهم آخذ في الازدياد وسيكون برنامجُهم للتهجين، الذي يجري تنفيذه منذ عدة أجيال، فعالاً في نهاية المطاف. سيكون هناك بشٌر أشد ذكاء ولكنهم لا يمثلون الأسرة البشرية. هذه الأمور ممكنة الحدوث وقد حدثت مرات لا تحصى في المجتمع الأعظم. ما عليكم إلا أن تنظروا في تاريخكم لكي تروا تأثير الثقافات والأعراق البشرية على بعضها البعض وتروا مدى ما يمكن أن يترتَّب على هذه التفاعلات من هيمنةٍ وتأثير.

وبالتالي، فإننا نأتيكم بأخبار مهمة، أخبار خطيرة. لكن يجب أن تتحلوا بالعزيمة، لأن هذا ليس هو وقت التخبُّط. هذا ليس وقت محاولة الهرب. هذا ليس الوقت الذي تنشغلوا فيه بسعادتكم الشخصية. بل هو وقتُ المساهمة في العالم، وشدُّ أزْر الأسرة البشرية،

واستحضار القدرات الطبيعية الموجودة بداخل كل شخص، أي القدرة على الرؤية وعلى المعرفة وعلى التصرف في وئام مع الآخرين. يمكن لهذه القدرات أن تصد التأثير الذي يجري بثه على البشرية في هذا الوقت، إلا أن هذه القدرات يجب أن تنمو وأن تتاح للآخرين. وذلك أمرٌ في غاية الأهمية.

هذه هي مشورتنا. نقدِّمُها بنيةٍ صادقة. فَلْتسعدوا بأن لديكم حلفاء في المجتمع الأعظم، لِأنَّكم إلى الحلفاء ستحتاجون.

إنَّكم بصدد دخول كونٍ أعظم، مليء بالقوى والتأثيرات التي لم تتعلموا بعد كيف تواجهونَها. إنَّكم بصدد دخول بانوراما أعظم من الحياة. وعليكم التحضير لذلك. إنما كلماتنا هي جزءٌ من هذا التحضير. ثمة تحضير يجري إرساله إلى العالم الآن. وهو ليس من عندنا. بل هو من عند خالق كل الحياة. لقد جاء في وقته تماماً. لأن هذا هو الوقت الذي آن فيه للبشرية أن تصبح ذات شدة وحكمة. إن لديكم القدرة على القيام بذلك. وما تشهدونه في حياتكم من أحداث وظروف يخلقُ حاجةً عظيمةً إلى ذلك.

التحدي الذي يواجه حرية الإنسان

تقترب البشريةُ من وقتٍ في غاية الخطورة والأهمية في تطورها الجماعي. فأنتم الآن على شفا الظهور في مجتمع أعظم من الحياة الذكية. ستواجهون أعراقاً أخرى من الكائنات التي تأتي حالياً إلى عالمكم سعياً لحماية مصالحها ولاكتشاف ما قد يكون ماثلاً أمامها من فرص. هذه الأعراق لاهي ملائكة ولا هي كائنات ملائكية. كما أنها ليست كيانات روحية. بل هي كائناتٌ تأتي إلى عالمكم للحصول على الموارد، ولإقامة تحالفات، ولكسب ميزة في عالمٍ آخذ في الظهور. هذه الأعراقُ لا هي من الأشرار. ولا هي من الأبرار. وهي في ذلك تشبهُكم كثيراً. كل ما في الأمر أنّ لديها دوافع تحرِّكُها هي احتياجاتُها، وارتباطاتها، وإيمانياتها، وأهدافها الجماعية.

الوقتُ الذي تمر به البشرية الآن هو وقتٌ عظيم للغاية لها، لكنها غير مستعدة. ذلك أمرٌ يمكن أن نراه من موقعنا الاستطلاعي على نطاق أوسع. نحن لا نُقحم أنفسنا في حياة البشر اليومية في الأرض. ولا نحاول إقناع الحكومات بشيءٍ أو المطالبة ببعض أجزاء العالم أو بموارد معينة موجودة هنا. بل نراقب، ونودُّ أن نُبلغ عمّا نشاهده، لأن هذه هي مهمتنا في وجودنا هنا.

لقد أخبرونا اللامرئيون أن لدى كثيرين من الناس اليوم شعوراً بحالة غريبة من عدم الارتياح، وشعوراً مبهماً بوجود حاجة عاجلة، شعوراً بأن شيئاً ما سيحدث وأنه يجب القيام بعمل ما. وربما لا يكون هناك في نطاق تجاربهم اليومية ما يبرِّر هذه المشاعر العميقة، أو يؤكد من أهمية هذه المشاعر، أو يعطي التعبير عنها مضمون. هذا أمرٌ يمكن أن نفهمه لأننا مررنا بأشياء مماثلة نحن أنفسنا في تواريخنا. نحن نمثِّل عدة أعراق انضمت معاً في تحالفنا الصغير

لدعم ظهور المعرفة الروحية والحكمة في الكون، لاسيما لدى الأعراق التي هي على أعتاب الظهور في المجتمع الأعظم. هذه الأعراق الآخذة في الظهور عُرضة بوجه خاص لتأثير وتلاعب القوى الأجنبية. وهي عُرضة بوجه خاص لإساءة فهم حالتهم وهذا أمر مفهوم، فكيف يمكنهم فهم معنى وتعقيد الحياة داخل المجتمع الأعظم؟ هذا هو السبب في رغبتنا في أن نؤدي دورنا الصغير في تحضير البشرية وتثقيفها.

لقد قدَّمنا في خطابنا الأول وصفاً واسعاً لانخراط الزوار في أربع مجالات. المجال الأول هو التأثير على الأشخاص المهمين في مناصب القوة في الحكومات وعلى رأس المؤسسات الدينية. المجال الثاني هو التأثيرُ على الأشخاص ذوي الميول الروحية والراغبين في الانفتاح على القوى العظمى الموجودة في الكون. المجالُ الثالث من الانخراط هو قيام الزوار ببناء مؤسسات في العالم في مواقع استراتيجية، بالقرب من مراكز سكانية، حيث يمكن ممارسة تأثيرهم على البيئة العقلية. وأخيراً، تحدثنا عن برنامجهم للتهجين مع البشر، وهو برنامجٌ يجري تنفيذه منذ فترة طويلة.

نحن نفهم مدى الانزعاج الذي يمكن أن تثيره هذه الأخبار وربما مدى خيبة الأمل التي يمكن أن تصيب كثيرٌ من الناس الذين يملكون آمال وتوقعات عالية بأن الزوار القادمين من الخارج سيأتون بالبركة والمنافع العظيمة للبشرية. وربما كان من الطبيعي افتراض هذه الأمور وتوقعها، إلا أن المجتمع الأعظم الذي توشك البشرية على الظهور فيه هو بيئةٌ صعبة وتنافسية، ولاسيما في مناطق الكون التي تتنافس فيها أعراق مختلفة كثيرة وتتفاعل من أجل المقايضة التجارية والمعاملات التجارية. إن عالمكم يقع في مثل هذه المنطقة. قد يبدو ذلك أمراً لا يصدق بالنسبة لكم لأنه كان يبدو دائماً أنكم تعيشون في عزلة، بمفردكم داخل فراغ الفضاء الوسيع. لكن الحقيقة أنكم تعيشون في جزءٍ مأهول من الكون تأسست فيه المقايضة التجارية والمعاملات التجارية وفيه تقاليدٌ وتفاعلات وارتباطات قائمة منذ أمد طويل. ومن الأمور النافعة لكم أنكم تعيشون في عالمٍ جميل، عالم من التنوع البيولوجي العظيم، مكان خلاب يتناقض مع عوالم قاحلة أخرى كثيرة جداً.

إلا أن هذا يعطي أيضاً حالتكم إلحاح شديد ويشكل خطراً حقيقياً، لأنكم تمتلكون ما يريده آخرون كثيرون لأنفسهم. إنهم لا يسعون إلى تدميركم وإنما إلى كسب ولائكم وتحالفكم حتى يمكنهم الانتفاع من وجودكم في العالم ومن أنشطتكم فيه. أنتم هنا بصدد الظهور في مجموعة من الظروف الناضجة والمعقدة. هنا لا يمكنكم أن تتصرفوا كأطفالٍ صغار وتؤمنوا وتأملوا أن البركات ستحل عليكم ممن قد تلقونهم. يتعين عليكم أن تصبحوا حكماء

وقادرين على التميز، مثلما تعيَّن علينا من قبل، عبر تواريخنا الصعبة، أن نصبح حكماء وقادرين على التميز. لقد أصبح لزاماً على البشرية الآن أن تتعلم عن طرق المجتمع الأعظم، وعن التعقيدات والتفاعلات بين الأعراق، وعن تعقيدات المعاملات التجارية، وعن التلاعب المستتر الذي تأسس بين الهيئات والتحالفات القائمة بين العوالم. إنه وقت صعب للبشرية ولكن مهم لها، وقت الوعد العظيم إذا أمكن القيام باستعداد حقيقي.

وفي هذا الخطاب، وهو الثاني لنا، نودُّ أن نتكلم بمزيد من التفصيل عن تدخل مجموعات متنوعة من الزوار في شؤون البشرية، وما قد يعنيه ذلك لكم، وما يتطلبه منكم. نحن لم نأتِ لنحث الخوف في قلوبكم وإنما لإثارة الشعور بالمسؤولية، لتوليد وعي أعظم، وللتشجيع على الاستعداد للحياة التي أنتم فيها داخلون، حياة أعظم ولكن مليئة أيضاً بالمشاكل والتحديات الأعظم.

لقد أُرسلنا هنا من خلال القوة الروحية اللامرئيين وحضورهم. ربما ستفكرون فيهم بطريقة ودية باعتبارهم ملائكة، إلا أن دورَهم في المجتمع الأعظم أعظم ومشاركاتهم وتحالفاتهم عميقة ونافذة. وقوتُهم الروحية هنا لتبارك الكائنات الواعية في كل العوالم وفي كل الأماكن ولتدفع بتطوير المعرفة الروحية العميقة والحكمة التي ستتيح إمكانية ظهور العلاقات سلمياً، بين العوالم وداخل العوالم على حدٍ سواء. نحن هنا نيابةً عنهم. لقد طلبوا منّا أن نأتي. وقدموا لنا قدراً كبيراً من المعلومات التي لدينا، وهي معلومات لم يكن بمقدورنا أن نجمعها بأنفسنا. ومنهم تعلمنا الكثير عن طبيعتكم. تعلمنا الكثير عن قدراتكم، ومواطن شدتكم، ومواطن ضعفكم، وقابليتكم للتعرض للخطر. نستطيع أن نفهم هذه الأشياء لأن العوالم التي جئنا منها مرت بهذه العتبة العظيمة من الظهور في المجتمع الأعظم. وقد تعلمنا الكثير، وعانينا الكثير من أخطائنا الشخصية، وهي أخطاء نأمل أن تتجنبها البشرية.

نحن لم نأت إذن بتجربتنا الخاصة فحسْب، ولكن بوعي أعمق وإحساسٍ أعمق بالهدف الذي أعطوه لنا اللامرئيون. نحن نراقب عالمكم من مكان قريب، ولرصد الاتصالات التي يجريها زواركم. نحن نعلم من هم. ومن أين جاؤوا ولماذا هُم هنا. نحن لا نتنافس معهم، لأننا لسنا هنا لاستغلال العالم. نحن نعتبر أنفسنا حلفاء البشرية، ونأمل في الوقت المناسب أن تعتبرونا كذلك، لأننا كذلك. ورغم أننا لا نستطيع أن نثبت ذلك، فإننا نأمل أن نبرهن عليه من خلال كلماتنا ومن خلال الحكمة في مشورتنا. نأمل أن نعدّكم لما أنت مقبلون عليه. لقد جئنا في مهمتنا بإحساس بالعجلة، لأن البشرية متخلفة كثيراً في استعدادها للمجتمع الأعظم. وقد جرت محاولاتٌ كثيرة سابقة منذ عقود لإقامة اتصالٍ مع البشر وتحضيرهم لمستقبلهم

ولكن ثبت فشلُها. ولم يتسن الوصول إلاّ إلى بضعة أشخاص، وكما قيل لنا، أُسيء تأويل كثير من هذه الاتصالات واستخدمها آخرون لأهداف مختلفة.

لذلك، أُرسلنا في مكان الذين جاءوا من قبلنا لكي نعرض المساعدة على البشرية. ونحن نعمل سوياً في قضيتنا الموحدة. إننا لا نمثل قوةً عسكريةً عظمى وإنما نحن أقربُ إلى تحالفٍ سري ومقدس. فنحن لا نريدُ أن نرى نوع الشؤون الموجودة في المجتمع الأعظم يُرتكب هنا في عالمكم. ولا نريد أن نرى البشرية وقد أصبحت دولةً عميلةً لشبكة أعظم من القوى. ولا نريد أن نرى البشرية وقد فقدت حريتها وحقها في تقرير مصيرها. هذه أخطار حقيقية. لهذا السبب، نشجعكم على التفكير بعمق في كلماتنا، بدون خوف، إذا أمكن، وبنوع الإيمان الراسخ والتصميم الذي نعرف أنه يكمن في قلب كل إنسان.

اليوم وغداً وما بعد غدٍ، يجري نشاطٌ عظيم وسيظل جارياً لتأسيس شبكة من التأثير على العرق البشري من قِبل من يزورون العالم لمآربهم الخاصة. هم يشعرون أنهم يأتون إلى العالم لإنقاذه من البشرية. بل إن بعضَهم يؤمنون أنهم هنا لإنقاذ البشرية من نفسها. هم يشعرون أنهم على حق ولا يعتبرون أن تصرفاتهم غير ملائمة أو غير أخلاقية. فهم وفقاً لأخلاقياتهم يفعلون ما يعتبرون أنه منطقي ومهم. أما بالنسبة لجميع الكائنات المحبة للحرية، لا يمكن تبرير مثل هذا النهج.

نحن نراقب أنشطةَ الزوار، التي تنمو. وفي كل عام، يأتي مزيدٌ منهم إلى هنا. يأتون من مكان بعيد. هم يجلبون الإمدادات. وهم يعمقون ارتباطهم ومشاركتهم. وهم يؤسسون محطات اتصال في أماكن كثيرة في نظامكم الشمسي. وهم يراقبون جميع انطلاقاتكم الأولية في الفضاء، وسيقومون بصد وتدمير أي شيء يشعرون أنه سيتعارض مع أنشطتهم. إنهم يسعون إلى تأسيس السيطرة ليس على عالمكم فحسب ولكن على المنطقة المحيطة بعالمكم. يرجع ذلك إلى أن هناك قوى متنافسة هنا. يمثل كل من هذه القوى تحالفا من عدة أعراق.

دعونا الآن نتناول آخر المجالات الأربعة التي تكلمنا عنها في موجزنا الأول. فلهذا المجال علاقةٌ بالزوار الذين يهجنون مع النوع البشري. دعونا نقدم لكم في البداية نبذةً تاريخيةً. منذ آلافٍ مؤلفة من السنين، حسب وقتكم، جاءت عدةُ أعراق لتهجين البشر لإعطاء البشرية قدراً أعظم من الذكاء والقدرة على التكيف. أدى ذلك إلى الظهور المفاجئ إلى حد ما لما يسمى حسب فهمنا "الإنسان الحديث." وأسفر ذلك عن إعطائكم الهيمنة والقوة في عالمكم. لقد حدث هذا منذ وقت طويل.

على أن برنامج التهجين مع البشر الجاري تنفيذه حالياً لا يشبه ما حدث سابقاً على الإطلاق. ذلك أن من يضطلعون به هم مجموعةٌ من الكائنات المختلفة والتحالفات المختلفة. وتسعى هذه الكائنات، من خلال التهجين مع البشر، إلى تأسيس كائن بشري يكون جزءاً من جمعيتها ولكن تكون له القدرة على البقاء حياً في عالمكم وعلى التآلف بشكل طبيعي مع العالم. لا يستطيع زواركم العيش على سطح الأرض. يجب عليهم إما أن يبحثوا عن ملجأ تحت الأرض، وهو ما يفعلونه الآن، أو أن يعيشوا على متن مركباتهم، التي كثيراً ما يبقونها مخفية تحت مسطحات مائية ضخمة. هم يريدون التهجين مع البشرية لحماية مصالحهم هنا، والتي هي بشكل أساسي موارد عالمكم. إنهم يريدون أن يضمنوا ولاء البشر، ولذا فقد انخرطوا على مدى عدة أجيال في برنامج التهجين، الذي اشتدت كثافته خلال السنوات العشرين الماضية.

هدفهم منه له شقّان. أولاً، كما ذكرنا، يريد الزوار أن يخلقوا كائناً شبيهاً بالإنسان تكون له القدرة على العيش داخل عالمكم ولكن يكون مرتبطاً بهم وتكون لديه مجموعةٌ أعظم من الحساسيات والقدرات. والهدفُ الثاني من هذا البرنامج هو التأثير على كل من يلاقونه وتشجيع الناس على مساعدتهم فيما يعملون. الزوارُ يريدون المساعدة من البشر ويحتاجون إليها. ذلك يعزز برنامجهم من كل النواحي. إنهم يعتبرونكم ذوي قيمة. إلا أنهم لا يعتبرونكم أقراناً أو نظراءً لهم. أنتم مفيدون، ذلك هو تصورهم عنكم. لذلك، سيسعى الزوار في كل من سيلاقونه، وفي كل من سيأخذونه، إلى توليد الشعور بتفوّقهم وقيمتهم وبأهمية وقيمة مساعيهم في العالم. سيخبر الزوار كل من يتواصلون معه بأنهم جاءوا إلى هنا من أجل الخير، وسيُطَمئنون كل من خطفوه بأنه لا لزوم لخوفهم. أما الذين يبدو أنهم مستقبلين على وجه التحديد، فسيحاولون إقامة تحالفات معهم، عن طريق بناء حس مشترك بالهدف، بل حس مشترك بوحدة الهوية والعائلة، ووحدة التراث والمصير.

لقد درس الزوار في برنامجهم علم وظائف أعضاء جسم الإنسان، وعلم نفس الإنسان بإسهاب شديد، وسيستغلون ما يريده الناس، لا سيما الأشياء التي يريدها الناس ولكن لم يتسن لهم الحصول عليها لأنفسهم، مثل السلام، والنظام، والجمال، والطمأنينة. وستعرض هذه الأشياء على الناس والبعض سيصدق. سيتم ببساطة استخدام آخرين كل ما دعت لهم الحاجة.

من الضروري هنا أن يُفهم أن الزوار يصدقون أن هذا مناسب تماماً من أجل الحفاظ على العالم. وهم يشعرون أنهم يقدمون للبشرية خدمةً عظيمة، ومن ثم فإنهم مخلصون تماماً

فيما هم به مقتنعون. والأمرُ المؤسف هو أن ذلك يدلُّ على حقيقة عظيمة بشأن المجتمع الأعظم، وهي أن الحكمة الحقيقية والمعرفة الروحية الحقيقية لا تقلّان ندرةً في الكون عن الندرة التي لا بد أنها تبدو بها في عالمكم. من الطبيعي أن تكون لديكم آمال وتوقعات أن تكون الأعراقُ الأخرى قد تجاوزت أطوار المراوغة والمساعي الأنانية والتنافس والصراع. لكن، ياحسرةً، أن الأمر ليس كذلك. فالتكنولوجيا الأعظم لا ترفع من شدة الفرد العقلية والروحية.

وهناك اليوم أشخاصٌ كثيرون يجري أخذُهم قسراً ضد إرادتهم بشكل متكرر. نظراً لأن البشرية تؤمن بالخرافات بشدة وتسعى إلى إنكار الأشياء التي تَعجز عن فهمها، تجري مواصلة هذا النشاط المؤسف بنجاح ضخم. وحتى في هذا الوقت، يمشي على الأرض أفرادٌ من نسل هجين، أنصافُ بشر، وأنصافُ فضائية. مع أنهم ليسوا كثيرين، فإن أعدادَهم ستتزايد مستقبلاً. وقد تلتقون بأحدهم يوماً ما. سيبدون في ظاهرهم مثلكم ولكن سيكونون مختلفين. ستظنون أنَّهم بشر، لكن شيئاً أساسياً سيبدو مفقوداً فيهم، شيئاً ذو قيمة في عالمكم. من الممكن امتلاك القدرة على تمييز هؤلاء الأفراد وتحديد هويتهم، ولكن حتى يتسنى لكم ذلك، سيلزم أن تكتسبوا مهارات في البيئة العقلية وأن تتعلموا ما تعنيه المعرفة الروحية والحكمة في المجتمع الأعظم.

نحن نشعر أن تعلُّم ذلك أمرٌ بالغ الأهمية، لأننا نرى من موقعنا الاستطلاعي كلَّ ما يحدث في عالمكم، ويسدون لنا اللامرئيون النصح في الأمور التي يتعذر علينا رؤيتها أو الوصول إليها. إننا نفهم هذه الأحداث، لأنها حدثت مرات لا تحصى في المجتمع الأعظم، إذ يُلقى التأثير والإقناع على الأعراق التي يكون قد بلغ منها الضعف أو الهشاشة مبلغاً يحول دون استجابتها بفعالية.

لدينا أمل وثقة في ألا يعتقد أحدٌ منكم ممن يسمع هذه الرسالة أن هذه التدخلات في حياة الإنسان مفيدة. سيُلقى التأثير على الأشخاص الذين تعرضوا للتأثير أن هذه اللقاءات مفيدة، لهم وللعالم على حد سواء. سيوجه الزوار تطلعات الناس الروحية، ورغبتهم في السلام والوئام، ورغبتهم في العائلة والانضمام. فهذه الأمور تمثل شيئاً استثنائياً بشأن الأسرة البشرية، وما لم تقترن بالحكمة والاستعداد فإنها تكون علامة على عرضتكم الشديدة للخطر. المجهزون بقوة المعرفة الروحية والحكمة هم فقط القادرون على رؤية الخداع وراء محاولات الإقناع. هم وحدهم المهيؤون لرؤية الخداع الذي يجري اقترافه ضد البشر. هم وحدهم القادرون على حماية عقولهم من التأثير الذي يجري إلقاؤه في البيئة العقلية في أماكن كثيرة في العالم اليوم. هم الوحيدون الذين سيرون ويعرفون.

كلماتُنا لن تكون كافية. يجب على كل رجل وامرأة تعلُّم الرؤية والمعرفة. ليس بوسعنا إلا أن نشجع ذلك. إن مجيئنا هنا إلى عالمكم قد حدث وفقاً لعرض التعليم في روحانية المجتمع الأعظم، لأن التحضير موجودٌ هنا الآن وهذا هو السبب الذي يمكن لأجله أن نكون مصدراً للتشجيع. فلو لم يكن التحضير موجوداً هنا، لعرفنا أن ما نحذر منه وما نشجع عليه لن يكونا كافيين ولن يحققا النتائج المنشودة. يريد الخالق واللامرئيون إعداد البشرية للمجتمع الأعظم. في الحقيقة، هذا هو أهم احتياج للبشرية في الوقت الحاضر.

لذلك، نشجعكم على ألاّ تصدِّقوا أن أخْذ البشر وأطفالهم وأسرهم له أي فائدة للأسرة البشرية على الإطلاق. هذا أمرٌ يجب أن نؤكد عليه. إن حريتكم ثمينة. حريتُكم كأفراد ثمينة، وحريتكم كعرق ثمينة. وقد استغرقنا وقتا طويلاً لنستعيد حريتنا. ولا نريد أن نراكم تخسرون حريتكم.

برنامج التهجين مع البشر الجاري تنفيذه في العالم سيستمر. الطريقة الوحيدة لإيقافه هي أن يكون لدى الناس هذا الوعي الأعظم وهذا الشعور الأعظم بالسلطة الداخلية. لا شيء سوى ذلك سيضع نهايةً لهذه التدخلات. لا شيء سوى ذلك سيكشفُ الخداع من ورائهم. من الصعب علينا أن نتخيَّل مدى فظاعة هذا الأمر بالنسبة للناس في عالمكم، بالنسبة للرجال والنساء، بالنسبة للأطفال، الذين يخضعون لهذه المعاملة، ولإعادة التربية هذه، ولهذه التهدئة. من منظور قيَمنا، يبدو هذا الأمر بغيضاً، ومع ذلك نعرفُ أن هذه الأشياء تحدث في المجتمع الأعظم وحدثت منذ ما قبل الذاكرة.

ربما ستولِّد كلماتنا المزيدَ والمزيد من الأسئلة. هذا أمرٌ صحي وطبيعي، ولكن لا يمكننا الإجابة على جميع أسئلتكم. يجب عليكم أن تجدوا الوسائل التي تتوصلون من خلالها إلى الإجابات بأنفسكم. لكن لا يمكنكم القيام بذلك دون تحضير، ولا يمكنكم القيام بذلك دون توجيه. في الوقت الحالي، يتعذَّرُ على البشرية ككل أن تفرِّق بين ما يشكِّل مظاهراً من المجتمع الأعظم وما يشكِّل تجلياً روحياً، وذلك أمرٌ نفهمه. هذا موقفٌ صعب حقاً لأن زواركم قادرون على عرض صور، وعلى التحدث إلى الناس من خلال البيئة العقلية، ويمكن استقبال أصواتهم والتعبير عنها من خلال الناس. إن بمقدورهم بث هذا النوع من التأثير لأن البشرية لا تملك بعد هذا النوع من المهارة أو التمييز.

البشرية ليست موحدة. بل هي مشتتة. هي في خلاف مع نفسها. هذا يجعلكم معرَّضين بشدة للتشويش والتلاعب الخارجيين. إن زواركم يفهمون أن رغباتكم وميولكم الروحية تجعلكم عرضةً للخطر بشكل خاص وأرضاً خصبة بشكل خاص لتحقيق مصالحهم. ما

أصعب اكتساب موضوعية حقيقية للتعامل مع هذه الأمور. حتى من حيث أتينا، كان ذلك تحدياً عظيماً. ولكن بالنسبة لمن يرغبون في البقاء أحراراً وفي ممارسة حق تقرير المصير في المجتمع الأعظم، يجب عليهم تطوير هذه المهارات، ويجب عليهم الحفاظ على مواردهم حتى لا يضطروا إلى التماسها عند الآخرين. فإذا فقد عالمُكم اكتفاءه-الذاتي، فسيفقد الكثير من حريته. وإذا تعيَّن عليكم الذهاب خارج عالمكم للبحث عن الموارد التي تحتاجون إليها للعيش، فستفقدون الكثيرَ من قوتكم للآخرين. ولأن موارد عالمكم آخذة في التضاؤل بوتيرة سريعة، فإن ذلك مصدر قلقٍ بالغ لمن يراقبون هذا الوضع من بعيد. وهو أيضاً مصدر قلقٍ لزواركم، لأنهم يريدون منع تدمير بيئتكم، ليس من أجلكم بل من أجلهم.

إن لبرنامج التهجين مع البشر غايةً واحدةً، وهي تمكينُ الزوار من تأسيس حضورٍ لهم وتأثير قيادي داخل العالم. لا تظنوا أن الزوار يفتقرون إلى شيء يحتاجون إليه منكم غير مواردكم. لا تظنوا أنهم يحتاجون إلى إنسانيتكم. هم يريدون إنسانيتكم فقط ليضمنوا لأنفسهم موقعهم في العالم. لا يأخذنَّكم التملق. لا تنغمسوا في مثل هذه الأفكار. فهي غير مبررة. ولو كان بإمكانكم تعلُّم رؤية الوضع على حقيقته بوضوح، لرأيتم وعرفتم هذه الأمور بأنفسكم. ولفَهمتم سببَ وجودنا هنا وسببَ احتياج البشرية إلى حلفاء في المجتمع الأعظم من الحياة الذكية. ولرأيتم أهمية تعلم المعرفة الروحية والحكمة الأعظم وأهمية تعلم روحانية المجتمع الأعظم.

ولأنكم بصدد الظهور في بيئة تصبح فيها هذه الأمور حيوية لتحقيق النجاح، والحرية، والسعادة، والقوة، ستحتاجون إلى معرفة روحية وحكمة أعظم من أجل تثبيت أقدامكم كعرق معتمد على نفسه في المجتمع الأعظم. غير أن استقلالكم يُفقد يوماً من بعد يوم. وقد لا ترون خسارة حريتكم، وإن كان من الممكن ربما أن تشعروا بها بشكل ما. كيف لكم أن تروا ذلك؟ فأنتم لا تستطيعون الخروج من عالمكم ومشاهدة ما يحيط به من أحداث. لا يمكنكم الوصول إلى المعاملات السياسية والتجارية التي تقوم بها القوى الفضائية التي تعمل في العالم اليوم لفهم تعقيداتهم، أو أخلاقياتهم، أو قيمهم.

لا تظنوا أبداً أن أيَ عرق في الكون يسافر من أجل التجارة هو عرقٌ متطور روحياً. إن الذين يسعون للتجارة إنما يسعون لكسب ميزات. والذين يسافرون من عالم إلى آخر، والذين هم للموارد مستكشفون، والذين يسعون سعياً إلى تنصيب أعلامهم، ليسوا من يجدر بكم اعتبارهم متطورين روحياً. نحن لا نعتبرهم متطورين روحياً. هناك قوةٌ دنيوية، وهناك قوةٌ

روحية. وبمقدوركم فهم الفرق بين هذين الأمرين، ومن الضروري الآن رؤية هذا الفرق في بيئةٍ أكبر.

لقد جئنا، إذن، بشعورٍ بالالتزام ولكي نشجعَكم بشدة على أن تحافظوا على حريتكم، وأن تتحلّوا بالشدة والتمييز، وألا تستسلموا للإقناع أو لوعود السلام والقوة والانضمام المقدم مما لا تعرفونهم. ولا تركنوا إلى فكرة أن كلّ الأمور ستصبح على ما يرام للبشرية أو حتى لكم شخصياً، لأن ذلك ليس من الحكمة في شيء. فالحكماء، أينما كانوا، عليهم أن يتعلّموا رؤية الحياة من حولهم على حقيقتها وأن يتعلموا التفاوض في هذه الحياة بما ينفعهم.

لذلك، تلقّوا تشجيعنا. سوف نتكلّم مرة أخرى بشأن هذه الأمور ونوضّح أهمية اكتساب القدرة على التمييز والتحفظ. سنتكلم باستفاضة عما يفعله زوارُكم في العالم في مجالات من المهم جداً أن تفهموها. نأمل أن تتمكّنوا من تلقي كلماتنا.

الإحاطة الثالثة

تحذير عظيم

ما زلنا حريصين على التحدُّث معكم بإسهابٍ أكبر بخصوص شؤون عالمِكم وعلى مساعدتِكم لرؤية، إذا أمكن، ما نراه من موقعنا الاستطلاعي. نحن ندركُ أن هذا أمرٌ يصعبُ تلّقيه وأنه سيسبّبُ قدراً ضخماً من الهمّ والقلق، لكن يجبُ أن تُعلَموا.

الوضع خطيرٌ جداً من منظورنا، ونعتقدُ أنه سيكون من الأمور بالغة السوء ألا يُعْلمَ الناسُ بشكلٍ صحيح. هناك الكثير من الخداع في العالم الذي تعيشون فيه، وفي العديد من العوالم الأخرى أيضاً، إلى حدِّ أن الحقيقةَ، على وضوحِها وجلائها، يتم المرور عليها دون أن تُتبيَّن وأن علاماتها ورسائلها تمر دون أن تُكتشف. لذلك، نأمل أن يساعد حضورُنا في توضيح الصورة ويساعدكم ويساعد الآخرين على رؤية ما هو موجودٌ حقاً. تصورنا يخلو من التنازلات التي تنتقصُ منه، لأننا أُرسلْنا لنشهدَ نفسَ الأشياء التي نصفُها.

لربما بإمكانكم بمرور الوقت معرفة هذه الأشياء بأنفسكم، لكنَّ ليس لديكم هذا النوع من الوقت. لقد أصبحَ الوقت قصيراً. وأصبح استعداد البشرية لظهور قوى من المجتمع الأعظم متأخراً كثيراً عن موعده. وكثيرٌ من الأشخاص المهمّين لم يستجيبوا. وأصبح التوغّلُ في العالم يحدثُ بويرةٍ أسرع بكثير من الوتيرة التي كان يُعتقد في الأصل أنها ممكنة.

لقد جئنا وليس أمامنا وقت ندَّخرُه، ومع ذلك جئنا تشجيعاً لكم لنقل هذه المعلومات لكم. كما أشرنا في رسالتينا السابقتين، يجري اختراق العالم وتكييفُ البيئة العقلية وتجهيزُها. المقصدُ ليس هو القضاء على البشر بل توظيفهم، وتحويلهم إلى عمالةٍ تخدمُ ''جماعةً''أعظم. إن مؤسسات العالم،

وبكل تأكيد البيئة الطبيعية، كلتيهما موضع تقدير، ويفضِّلُ الزوار أن يتم الحفاظ عليهما لما فيه نفعهم. فهم لا يستطيعون العيشَ هنا، ومن ثم لكي يكسبوا ولاءكم، يقومون باستخدام كثير من الأساليب التي وصفناها. وسنواصل في وصفنا توضيح هذه الأشياء.

إن وصولَنا هنا قد اعترضتْه عدةُ عوامل، ليس أقلها عدم جاهزية الأشخاص الذين كان يجبُ أن نصل إليهم مباشرة. مُتحدثُنا، مؤلف هذا الكتاب، هو الشخص الوحيد الذي أمكن لنا إقامة اتصالٍ متين معه، لهذا يجبُ علينا أن نعطي متحدثَنا المعلومات الأساسية.

من منظور زواركم، وكما علمنا، تُعتبر الولايات المتحدة قائدةَ العالم، ولهذا سيُولى أعظم قدر من التركيز هنا. إلا أنه سيتم أيضاً الاتصال بأمم أخرى رئيسية، لأنه يعرف أنها تملك القوة، والقوة أمرٌ يفهمه الزوار، لأنهم يتَّبعون ما تمليه القوة دون شك وبدرجةٍ أعظم بكثير مما هو واضح حتى في عالمكم.

ستبذل محاولاتٌ لإقناع قادة أقوى الدول بتقبُّل حضور الزوار وتلقي الهدايا والإغراءات للتعاون، وسيقدِّمون وعدٌ بالمنفعة المتبادلة، وحتى وعدٌ للبعض بالسيطرة على العالم. وداخل أروقة القوة في العالم سيكون هناك من يستجيب لهذه الإغراءات، لأنهم سيعتقدون أن هناك فرصةً عظيمةً سانحةً لإبعاد البشرية عن شبح الحرب النووية والذهاب بها إلى مجتمعٍ جديدٍ على الأرض، مجتمعٍ يتولون هم قيادتَه لأهدافهم الخاصة. ومع ذلك، فإن هؤلاء القادة مخدوعون، لأنهم لن يُعطَوا مفاتيح هذه المملكة. كلُّ ما في الأمر أنهم سيكونون المُحكّمين في انتقال السلطة.

هذا أمرٌ يجب أن تفهموه، فهو ليس شديد التعقيد. من منظورنا ومن موقعنا الاستطلاعي، هو أمرٌ واضح. لقد رأيناه يحدثُ في أماكن أخرى. هذا الأسلوب هو أحد الأساليب التي تنتهجها منظماتٌ راسخة من الأعراق التي لديها جماعات خاصة بها لتجنيد عوالم ناشئة مثل عالمكم. إنها تؤمن إيماناً راسخاً بأن خطتها نبيلة وتهدف إلى الارتقاء بعالمكم، لأن الإنسانية لا تحظى باحترام عالي، بحسب منظورهم، رغم أن لديكم خصالا حميدة في بعض المناحي، فإن ما لديكم من نقائص يفوق بكثير ما لديكم من إمكانات. وهذا رأيٌ لا نقول به وإلا ما كُنّا في موقفنا هذا، وما كنا عرضنا عليكم خدماتنا بوصفنا حلفاء البشرية.

لذلك، تواجهُ البشرية الآن صعوبةً عظيمةً في التمييز وهو تحدٍ عظيم. التحدي هو أن تفهمَ البشرية من هم حلفاؤها حقاً وتكونَ قادرة على تمييزهم عن خصومِها المحتملين. لا توجد أطرافٌ محايدة في هذه المسألة. فالعالم ثمين إلى أبعد الحدود، ومعروف أن مواردَه

فريدةٌ وعظيمةُ القيمة. لا توجد أطرافٌ محايدةٌ منخرطةٌ في الشؤون الإنسانية. الطبيعةُ الحقيقية للتدخل الفضائي هي ممارسةُ التأثير والسيطرة والقيام في نهاية المطاف بفرض سيادتهم على الأرض.

نحن لسْنا الزوار. بل نحن المراقبون. نحن لا ندَّعي أي حقوق في عالمكم، وليس لدينا أجندة لنؤسس أنفسنا هنا. لهذا السبب، أسماؤنا مخفية، لأننا لا نسعى إلى إقامة علاقات معكم تتجاوز قدرتنا على إسداء مشورتنا بهذه الطريقة. لا يمكنُنا السيطرة على النتيجة. كل ما يمكننا القيامُ به هو تقديمُ النصح لكم بشأن الخيارات والقرارات التي يجب أن يتخذها الناس في عالمكم في ضوء هذه الأحداث العظيمة.

إن لدى البشرية وعداً عظيماً وقد قامت بتنمية إرثٍ روحي غني، لكنها تفتقر إلى التعليم بشأن المجتمع الأعظم التي هي بصدد الظهور فيه. البشريةُ منقسمةٌ ومتناحرةٌ فيما بينها، وهو ما يجعلُها عرضةً للتلاعب والتدخل من خارج حدودكم. شعوبُكم مشغولةٌ بهموم اليوم، لكن واقعَ الغد غير معترف به. ما هي المكاسب التي يمكن أن تجنوها من تجاهل حركة العالم العظمى ومن افتراض أن التدخل الذي يحدث اليوم هو لمصلحتكم؟ من المؤكد أنه لا يوجد بينكم من يستطيع أن يقول هذا لو أنكم رأيتم حقيقة الوضع.

من أحد الوجوه، هي مسألة منظور. فنحن نستطيع أن نرى وأنتم لا تستطيعون، لأنه ليس لديكم الموقع الاستطلاعي. ولكي تروا ما نراه، سيتعين أن تكونوا خارج عالمكم، خارج نطاق تأثير عالمكم. ومع ذلك، لكي نرى ما نراه، يجب أن نبقى في خفاءٍ لأنه لو اكتُشفنا فسنهلك لا محالة. لأن زواركم يعتبرون أن مهمتهم هنا ذات قيمة قصوى، وهم يعتبرون الأرض هي أفضل فرصهم من بين عدة كواكب أخرى. ولن يتوقفوا بسببنا. لهذا فإن حريتَكم هي التي يجب أن تقدّروها وهي التي يجبُ أن تدافعوا عنها. وهذا أمرٌ لا نستطيع القيام به نيابة عنكم.

وأيُ عالم يسعى إلى إقامة وحدتِه وحريتِه وحقِه في تقرير مصيره في المجتمع الأعظم عليه أن يؤسِّسَ هذه الحرية ويدافعَ عنها إذا لزم الأمر. وما لم يفعل ذلك، فسيخضع حتماً للسيطرة وستكون تلك السيطرة كاملة.

ولماذا يريد زوارُكم عالمكم؟ الأمر في غاية الوضوح. لستم أنتم تحديداً من تهمونهم. إنما تهمهم الموارد البيولوجية لعالمكم. يهمهم الموقع الإستراتيجي لهذه المجموعة الشمسية. أنتم غير مفيدين لهم إلا بقدر قيمة هذه الأشياء وإمكانية استخدامها. سيعرضون عليكم ما تريدون وسيتكلمون بما تريدون أن تسمعوه. سيعرضون عليكم مغريات، وسيستخدمون

دياناتكم ومُثُلَكم الدينية لتعزيز الثقة والاطمئنان بأنهم يفهمون، أكثر منكم، احتياجات عالمِكم وأنهم سيكونون أقدرَ منكم على تلبية هذه الاحتياجات لتحقيق قدرٍ أعظم من الاتزان هنا. ولأن البشرية تبدو عاجزةً عن إقامة الوحدة والنظام، فسيفتح الكثير من الناس عقولهم وقلوبهم لمن يعتقدون أن لديهم إمكانية أعظم للقيام بذلك.

تحدثنا في الخطاب الثاني بإيجازٍ عن برنامج التهجين مع البشر. وقد سمع البعضُ عن هذه الظاهرة، ونحن نفهمُ أنه كان هناك بعض النقاش بشأن ذلك. لقد أخبرونا اللامرئيين أن هناك وعياً متزايداً بوجود مثل هذا البرنامج، ولكن الأمر الذي يصعب تصديقه هو أن الناس لا يستطيعون رؤية العواقب الواضحة، وقد استولت عليهم تفضيلاتهم في هذه المسألة دون تجهيز كاف للتعامل مع ما يمكن أن يعنيه هذا التدخل. من الواضح أن برنامج التهجين مع البشر هو محاولة لصهر قدرة البشرية على التكيف مع العالم المادي مع عقل مجموعة الزوار ووعيهم الجمعي. ومن شأن هذا النسل أن يكون في موقع مثالي لتقديم القيادة الجديدة للبشرية، قيادة مولودة من نيات الزوار وحملتهم. ستكون لهؤلاء الأفراد علاقاتُ دم في العالم، وبالتالي سيكون الآخرون أقارب لهم ويقبلون حضورهم. إلا أنهم لن يكونوا معكم بعقولهم، ولا بقلوبهم. وعلى الرغم من أنهم قد يشعرون بالتعاطف معكم في حالتكم وما قد تؤول إليه حالتكم، فلن تكون لديهم السلطة الفردية، لكونهم غير مدربين على طريقة المعرفة الروحية والبصيرة أنفسهم، لمساعدتكم أو لمقاومة الوعي الجمعي الذي عززهم هنا وأعطاهم الحياة.

وكما ترون، فإنه لا قيمة عند الزوار للحرية الفردية. إذ أنهم يعتبرونها متهورة وغير مسؤولة. هم لا يفهمون إلا وعيهم الجمعي، الذي يعتبرونه ميزة وبركة. ومع ذلك لا يمكنهم الوصول إلى الروحانية الصحيحة، التي تسمى المعرفة الروحية في الكون، لأن المعرفة الروحية تولد من اكتشاف الفرد لنفسه وتتجسد من خلال علاقات ذات عيار عالي. لا توجد أي من هاتين الظاهرتين في البنية الاجتماعية للزوار. فهم لا يستطيعون التفكير لأنفسهم. وإرادتهم ليست ملكاً لهم وحدهم. ولهذا فإنهم بطبيعة الحال غير قادرين على احترام آفاق تطور هاتين الظاهرتين العظيمتين داخل عالمكم، وهم بالتأكيد غير مهيئين لدعم مثل هذه الأمور. هم فقط يسعون إلى التوافق والولاء. والتعاليم الروحية التي سيرعونها في العالم هي فقط التي ستفيدهم في تطويع البشر لخدمتهم وجعلهم منفتحين غير مرتابين من أجل أن يحصدوا ثقة لم يفعلوا شيئا قط لاستحقاقها.

هذه أشياءٌ رأيناها من قبل في أماكن أخرى. لقد رأينا عوالم كاملة تقعُ تحت سيطرة مثل هذه الجماعات. وهذه الجماعات موجودةٌ بكثرة في الكون. لأن جماعات كهذه تزاول

عمليات المقايضة التجارية بين الكواكب وتمتد إلى مناطق شاسعة، فإنها تنصاع لنظامٍ صارم من التوافق لا تحيد عنه. والفرديةُ ليست موجودة بينهم، على الأقل ليس بالمفهوم الذي يمكن أن تعرفوه على أي حال.

لسنا على يقين من إنه بمقدورنا ضربُ مثال من عالمكم لما يمكن أن يكون عليه هذا الأمر، ولكن قيل لنا إنه توجد في عالمكم مصالح تجارية تشمل الثقافات، تتمتع بقوة هائلة ولكن لا يحكمُها إلا قليلون. ربما يكون هذا قياساً جيداً لما نصفه. إلا أن ما نصفه يفوق بكثير أي مثال جيد من عالمكم من حيث القوة والانتشار والرسوخ.

الحق هو أنه بالنسبة لأي حياة ذكية في أي مكان، يمكن أن يكون الخوفُ قوةً مدمرة. غير أن الخوفَ يخدمُ هدفاً واحداً فقط إذا أُدركَ بشكل صحيح وهو إعلامُكم بوجود خطر. نحن قلقين، وهذه هي طبيعةُ خوفنا. نفهمُ ما هو في خطر. وتلك هي طبيعة قلقنا. الخوف يولد عندكم لأنكم تجهلون ما يحدث، ولذا فهو خوف مدمر. إنه خوف لا يمكن أن يمدكم بالتمكين أو بالتصور الذي تحتاجونه لفهم ما يحدث داخل عالمكم.

إذا استطعتم أن تصبحوا على علم، فإن الخوف يتحوَّلُ إلى قلق، والقلق يتحول إلى عملٍ بنّاء. لا نعرفُ طريقةً أخرى لوصف هذا.

لقد بدأ برنامج الزوار للتهجين مع البشر يصبح ناجحاً جداً. يوجد بالفعل من يمشون في الأرض ممن وُلدوا من وعي الزوار ومسعاهم الجماعي. وهؤلاء لا يقْدرون على العيش في الأرض لمدة طويلة، ولكن في غضون بضع سنوات فقط، سيكونُ بمقدورهم العيش بصورة دائمة على سطح عالمكم. سيكون إتقانُهم للهندسة الوراثية الخاصة بهم قد بلغ حداً يجعلهم يبدون غير مختلفين عنكم إلا قليلاً، وسيكون اختلافهم في الأسلوب والحضور أكبر منه في هيئتهم الخارجية، إلى حدٍ يرجح فيه أن سيمرون دون أن تتم ملاحظتهم أو التعرف عليهم. على أنه ستكون لديهم ملكات عقلية أعظم. وسيتيح لهم ذلك ميزةً لا تستطيعون مضاهاتها ما لم تكونوا مدرَّبين على طرق البصيرة.

تلك هي الحقيقةُ العظمى التي تهمُّ البشرية بدخولها – أي كوناً مليئاً بالعجائب والأهوال، كوناً من التأثير، كوناً من التنافس، ولكن أيضاً كوناً مليئاً بالنعمة، يشبه عالمَكم كثيراً لكن على نطاق أعظم بشكل لا نهائي. إن الجنَّة التي تسعون إليها ليست هنا. أما القوى التي يتعين عليكم التصدي لها فهي هنا. وهذه هي أعظمُ عتبة سيواجهُها عرقكُم على الإطلاق. ذلك أمرٌ واجهَه كلٌّ منا في مجموعتنا في العالم الخاص به، وكانت الإخفاقاتُ عظيمة، والنجاحُ محدوداً. وحتى يتسنى لأعراق الكائنات الحفاظ على حريتها وانعزالها فإنه يتعين عليها أن

تصبح قوية ومتحدة وعليها على الأرجح أن تنأى بنفسها نأياً شديداً عن التفاعلات التي تجري في المجتمع الأعظم من أجل حماية تلك الحرية.

إنكم إن فكرتم في هذه الأمور لربما رأيتم نتائج طبيعية لها في عالمكم. لقد أخبرونا اللامرئيين بالكثير فيما يتعلق بتطوركم الروحي وما يبشر به من أمور عظيمة، إلا أنهم ذكروا لنا أيضاً أن توجهاتكم ومُثُلكم الروحانية يجري التلاعب بها كثيراً في هذا الوقت. فهناك تعاليم كاملة يجري إدخالها إلى العالم الآن تعلّم البشَر الرضوخ وتشلّ قدراتهم النقدية ولا تقدّر إلا ما يبعث على المتعة والراحة. وهذه التعاليم تعطَى لكي تعطِّل قدرةَ الناس على الوصول إلى المعرفة الروحية في نفوسهم حتى يصل الناسُ إلى نقطة يشعرون عندها أنهم يعتمدون بشكل كامل على قوى أعظم لا يستطيعون تحديدها. عندئذ، سيتبعون أي شيء يعطى لهم لفعله، وحتى إذا أحسوا بوجود خطأ ما، فلن تعود لديهم القدرة على المقاومة.

لقد عاشت البشرية في عزلةٍ لوقت طويل. ربما يُعتقد أن مثل هذا التدخل لا يمكن أن يحدث وأن لكل إنسان، ذكراً كان أو أنثى، حقوق ملكية على وعيه وعقله. لكن هذه مجرد افتراضات. مع ذلك قيل لنا إن الحكماء في عالمكم تعلَّموا أن يتغلبوا على هذه الافتراضات واكتسبوا القوة اللازمة لتأسيس بيئتهم العقلية الخاصة.

إننا نخشى أن تكون كلماتُنا هذه قد جاءت بعد فوات الأوان وألا يكون لها تأثيرٌ يُذكر وألا تكون لدى الشخص الذي اخترناه لاستقبالنا المساعدةُ والدعمُ اللازمان لجعل هذه المعلومات متاحة. سيواجهونه بالتكذيب والاستهزاء، ولن يصدقوه، وسيتعارض ما يقوله مع ما يفترض الكثيرون أنه الحق. الذين وقعوا تحت إقناع الفضائيين هم الذين سيعارضونه على وجه الخصوص، إذ لا يملكون أي خيار في هذا الأمر.

في خِضم الوضع الخطير، أرسل خالقُ كل الحياة تحضيراً وتعليماً عن القدرة الروحية، والتمييز، والقوة، والإنجاز. نحن من طلاب علم لهذا التعليم، مثلنا في ذلك مثل كثيرين في جميع أنحاء الكون. هذا التعليم هو شكل من أشكال التدخل الإلهي. وهو لا يخص عالماً واحداً. ولا هو ملكٌ لعرق دون آخر. وهو لا يتمحور على أي بطل أو بطلة، أو أي فرد. وهذا التحضير متاحٌ الآن. وسيكون لازماً. وهو من منظورنا الشيءُ الوحيد حالياً الذي يمكن أن يتيح للإنسانية فرصةَ امتلاك الحكمة والقدرة على التمييز فيما يتعلق بحياتكم الجديدة في المجتمع الأعظم.

وعلى غرار ما حدث في عالمكم في تاريخكم، فإن أول من وصل إلى الأراضي الجديدة هم المستكشفون والغزاة. وهم لا يأتون لأسباب إيثارية. بل يأتون بحثاً عن القوة والموارد

والسيطرة. وهذه هي طبيعةُ الحياة. ولو كانت البشرية على دراية بشؤون المجتمع الأعظم، لقاومتم أي زيارة إلى عالمكم ما لم يكن قد تم التوصُّل مسبقاً إلى اتفاق متبادل. ولكان توافر لديكم ما يكفي من المعرفة لكيلا تسمحوا لعالمكم أن يبلغ ذلك القدر من العرضة للخطر.

في هذا الوقت، يوجد أكثر من جماعة تتنافس على ميزات هنا. وهذا يضعُ البشريةَ في خِضم مجموعةٍ من الظروف تعدُّ غير اعتيادية إلى حدٍ كبير ولكنها مع ذلك ظروف تنويرية. وهذا هو السبب في أن رسائل الزوار غالباً ما تبدو غير متسقة. فقد كان هناك صراعٌ بينهم، لكنهم سيتفاوضون مع بعضهم البعض إذا ما تبيَّن لهم أن هناك منفعةً متبادلة. ومع ذلك، هم لا يزالون في حالة تنافس. وبالنسبة لهم. هذه هي الحدود. بالنسبة لهم، تكمن قيمتُكم في كونكم مفيدين. وإذا تراءى لهم أنكم لم تعودوا مفيدين، فسيتم التخلص منكم ببساطة.

هنا في عالمكم، يوجد تحدٍ عظيم يواجهه الناس، ولا سيما من هم في مواقع القوة والمسؤولية، وهو معرفةُ الفرق بين الحضور الروحي والزيارات الآتية من المجتمع الأعظم. لكن من أين لكم بالإطار الذي تستطيعون من خلاله التمييز بين هذين الأمرين؟ وأين يمكنكم تعلُّم مثل هذه الأشياء؟ ومَن في عالمكم في وضعٍ يتيح له التعليم عن واقع المجتمع الأعظم؟ لا شيء سوى تعليم من خارج العالم هو الذي يمكن أن يعدَّكم للتعامل مع حياة من خارج العالم، وهذه الحياة من خارج العالم قد أصبحت الآن في عالمكم، تسعى لتثبيت أقدامها هنا، تسعى إلى بسط تأثيرها، تسعى إلى كسب عقولِ الناس وقلوبهم وأرواحهم في كل مكان. إنه أمرٌ في غاية البساطة. ولكنه فاجعةٌ مروِّعة.

لذلك، فإن مهمتَنا في هذه الرسائل هي توجيهُ تحذير عظيم، لكن التحذير ليس كافياً. فلا بد أن يكون الناس على بيِّنة من الأمر. على الأقل، لا بد أن يتوافر لعددٍ كافٍ من الناس هنا فهمٌ للواقع الذي تواجهونه الآن. هذا هو أعظمُ حدث في تاريخ البشرية — أعظم خطر يهدِّد حرية الإنسان وأعظم فرصة لوحدة البشر وتعاونهم. نحن ندركُ هذه المزايا والإمكانات العظيمة. ولكن مع كلِّ يوم يمر يتلاشى وعدها — مع الإمساك بأعدادٍ متزايدةٍ من الناس وإعادة تهيئة وتشكيل وعيهم، ومع قيام أعدادٍ متزايدةٍ من الناس بتعلم التعاليم الروحية التي يروج لها الزوار، ومع إذعان أعدادٍ متزايدةٍ من الناس لهذا الأمر وتقلُّص قدرتهم على التمييز.

لقد جئنا بناء على طلب اللامرئيين للعمل بهذه الصفة كمراقبين. فإذ تحقَّقَ لنا النجاحُ، فسنبقى على مقربة من عالمكم لفترةٍ كافيةٍ فقط لمواصلة تزويدكم بهذه المعلومات. وبعد ذلك، سنعودُ إلى مواطننا. وإذا بؤنا بالفشل وانقلبَ المدُّ ضد الإنسانية وحلَّ ظلامٌ عظيم على العالم، ظلامُ الهيمنة، فسنضطر عندئذ إلى الرحيل دون أن تَتِم مهمتنا. وفي كلتا الحالتين،

لن يمكننا البقاءُ معكم، ولكن إذا أبديتم تجاوباً مبشراً فسنبقى إلى أن تكونوا في أمان، إلى أن تتمكنوا من تكفُّل أمركم بأنفسكم. ويدخلُ في ذلك ضرورةُ بلوغِكم الاكتفاء-الذاتي. أما إذا أصبحتم معتمدين على المقايضة مع أعراقٍ أخرى، فسيترتب على ذلك خطرٌ مبين هو التلاعب بكم من قبل قوى خارجية، لأن البشرية لم تبلغ بعد القوة التي تتيحُ لها مقاومة القوة في البيئة العقلية التي يمكن ممارستُها هنا والتي تجري ممارستها هنا الآن.

سيحاول الزوارُ إيهامكم أنهم "حلفاء البشرية" سيقولون إنهم هنا لإنقاذ البشرية من نفسها، وإنهم وحدهم القادرون على تقديم الأمل العظيم الذي لا تستطيع البشريةُ تقديمَه لنفسها، وإنهم وحدهم القادرون على إقامة نظامٍ ووئامٍ حقيقيين في العالم. إلا أن هذا النظامَ وهذا الوئام سيكونان لهم، وليس لكم. والحرّية التي يعدون بها لن تكون لكم للتمتع بها.

التلاعب بالتقاليد والمعتقدات الدينية

حتى يتسنَّى لكم فهمُ أنشطة الزُّوَّار في العالم اليوم، يجب أن نقدِّم المزيد من المعلومات عن تأثيرهم على المؤسسات والقيم الدينية في العالم وعن الدوافع الروحية العفوية الأساسية الشائعة في طبيعتكم والتي تُعدُّ من نواحٍ كثيرة شائعة للكائنات الذكية في أجزاء كثيرة من المجتمع الأعظم.

يجدرُ بنا أن نبدأ بالقول إن الأنشطة التي يجريها الزُّوَّار في العالم في هذا الوقت قد نُفِّذت مراراً في العديد من الأماكن ومن الثقافات في المجتمع الأعظم. وهذه الأنشطة لم ينشئها زُوَّاركم من العدم وإنما يستخدمونها حسب تقديرهم وسبق أن استخدموها مرات عديدة من قبل.

من المُهم أن تفهموا أن المهارات في مجالي التأثير والتلاعب قد طُورت لتبلغ درجةً عالية من الكفاءة الوظيفية في المجتمع الأعظم. فالأعراق، مع بلوغها مستويات أعلى من المهارة والقدرة في مجال التكنولوجيا، تبدأ في ممارسة أنواع من التأثير أكثر استتاراً واختراقاً على بعضها البعض. أما البشر فقد اقتصر تطورهم حتى الآن على التنافس فيما بينهم، ولذلك لا تملكون بعد هذه الميزة التكيفية. ويشكِّلُ ذلك في حد ذاته سبباً من أسباب تقديمنا هذه المادة إليكم. أنتم بصدد دخول مجموعة جديدة من الظروف تتطلب صقل قدراتكم الكامنة كما تتطلب تعلُّم مهارات جديدة.

رغم أن الإنسانية تمثل حالةً فريدة، فإن الظهور في المجتمع الأعظم قد حدث مرات لا تحصى من قبل مع أعراق أخرى. وبالتالي، فإن ما يجري

ارتكابُه بحقكم قد ارتُكب بحق آخرين من قبل. وقد جرى تطويره بدرجة متقنة ويجري الآن تكييفه مع حياتكم ومع حالتكم بطريقة نشعر أنها سلسة نسبياً.

برنامج التهدئة الذي ينفذه الزُّوَّار حالياً يجعل هذا الأمر ممكنا جزئياً. مع أن الرغبة في إقامة علاقات سلمية وفي تجنُّب الحرب والصراع هي أمرٌ جدير بالثناء، فإنه يمكن، بل يجري بالفعل، استخدامُه ضدكم. فحتى أنبل دوافعكم يمكن أن تُستخدَم لغايات أخرى. لقد رأيتم هذا في تاريخكم، وفي طبيعتكم، وفي مجتمعاتكم. لا يمكن إحلال السلام إلا على أساس متين من الحكمة والتعاون والقدرة الحقيقية.

ما زالت البشرية تهتم بإقامة علاقات سلمية بين قبائلها ودولها، وذلك أمر طبيعي. إلا أن البشرية تواجه حالياً مجموعة أعظم من المشاكل والتحديات. وهي في نظرنا فرصٌ لتطوركم، لأن تحدي الظهور في المجتمع الأعظم هو فقط الذي سيوحِّد العالم ويوفر لكم الأساس الذي يكفل لهذه الوحدة أن تكون أصلية وشديدة وفعالة.

لذلك، فإننا لم نأت لانتقاد مؤسساتكم الدينية أو دوافعكم وقيمكم الجوهرية، وإنما لكي نوضح كيف يجري استخدامها ضدكم من قبل الأعراق الفضائية التي تتدخل في عالمكم. وإذا كان الأمر في حدود قدراتنا، فإننا نود أن نشجع التوظيف الصحيح لمواهبكم وإنجازاتكم من أجل الحفاظ على عالمكم وحريتكم وسلامتكم كعرق في سياق المجتمع الأعظم.

النهج الذي يتبعه الزُّوَّار هو نهجٌ عملي بالأساس. وهذه نقطة قوة ونقطة ضعف في آن واحد. وبحسب مشاهداتنا لهم، هنا وفي أماكن أخرى، نرى أنه يصعب عليهم الخروج عن خططهم. فهُم غير مهيئين بشكلٍ جيد للتغيير، ولا يمكنهم التعامل مع الأمور المعقدة بفعالية كبيرة. لذلك، فإنهم ينفذون خطتهم بطريقة متهورة، لأنهم يشعرون أنهم على حق وأنهم متفوقون. هم لا يعتقدون أن البشرية ستصَعِّد المقاومة ضدهم — على الأقل ليست المقاومة التي ستؤثر عليهم بدرجة عظيمة. وهم يشعرون أن أسرارهم وأجندتهم محفوظة بشكلٍ جيد وأنها خارج نطاق الإدراك البشري.

في ضوء ما تقدم، فإن ما نقوم به من نشاط في تقديم هذه المادة لكم يجعلنا أعداء لهم، بالتأكيد في نظرهم. أما في نظرنا، فكلُّ ما هنالك أننا نحاول مواجهة تأثيرهم وإعطاءكم الفهم الذي تحتاجون إليه والمنظور الذي يجب أن تعتمدوا عليه للحفاظ على حريتكم كعرق وللتعامل مع وقائع المجتمع الأعظم.

ونظراً للطابع العملي لنهجهم، فإنهم يرغبون في تحقيق غاياتهم بأعظم قدر ممكن من الكفاءة. هم يرغبون في توحيد البشرية ولكن فقط وفقاً لمشاركتهم وأنشطتهم في العالم.

بالنسبة لهم، تشكل الوحدة الإنسانية شاغلا عملياً. هم لا يقدّرون قيمة التنوع في الثقافات؛ وهم بالتأكيد لا يقدّرون قيمته داخل ثقافاتهم هم أنفسهم. لذلك، سيحاولون القضاء عليها أو تقليصها إلى أدنى حد، إذا أمكن، أينما كانوا يمارسون تأثيرهم.

لقد تحدثنا في خطابنا السابق عن تأثير الزُّوَّار على الأشكال الجديدة من الروحانية — على الأفكار الجديدة والتعبيرات الجديدة عن ألوهيّة الإنسان وطبيعة الإنسان السائدة في عالمكم في هذا الوقت. وفي مناقشتنا الآن، نود أن نركز على القيم والمؤسسات المتوارثة التي يسعى زُوَّاركم إلى التأثير عليها ويؤثرون عليها اليوم.

في إطار المساعي الرامية إلى تعزيز وحدة النسق والتوافق، سيعتمد الزُّوَّار على المؤسسات والقيَم التي يشعرون أنها الأكثر استقراراً وعملية لاستخدامهم. هم لا يكترثون بأفكاركم، ولا بقيمكم، إلا بقدر ما يمكن أن تزيد من توطيد أجندتهم. لا تخدعوا أنفسكم بالتفكير في أنهم منجذبون إلى روحانياتكم لأنهم يفتقرون إلى مثل هذه الأشياء هم أنفسهم. سيكون ذلك خطأً أحمق وربما قاتلاً. لا تظنوا أنهم مفتونون بحياتكم وبالأشياء التي تجدونها جذابة. لأنكم لن تتمكنوا من التأثير عليهم بهذه الطريقة إلا في حالات نادرة. فقد تبدّد منهم كل الفضول الطبيعي ولم يعد يتبق منه سوى القليل. في الواقع أنه لا يكاد يوجد لديهم ما تطلقون عليه"الروح" أو الذي نطلق نحن عليه "ڤارن" (Varne) أو "طريقة البصيرة". هم يخضعون للتحكم وفي الوقت نفسه يحكمون ويتبعون أنماطاً من التفكير والسلوك تم وضعها بحزم وإنفاذها بصرامة. قد يظهرون بمظهر المتعاطف مع أفكاركم، إلا أن غرضهم الوحيد من ذلك هو كسب ولائكم.

في المؤسسات الدينية التقليدية في عالمكم، سيسعون لاستخدام القيم والعقائد الأساسية التي يمكن أن تفيدهم في المستقبل لضمان ولائكم لهم. وإليكم بعض الأمثلة، المستمدة من مشاهداتنا من ناحية ومن البصائر التي قدمها لنا اللامرئيون على مر الزمن من ناحية أخرى.

كثيرون في عالمكم يعتنقون الإيمان المسيحي. ذلك في ظننا أمرٌ يستحق الإعجاب وإن لم يكن بالتأكيد النهج الوحيد للإجابة على الأسئلة الأساسية المتعلقة بالهوية الروحية والهدف من الحياة. هناك فكرة أساسية، هي فكرة الولاء لقائد، سيستخدمها الزُّوَّار من أجل خلق الولاء لقضيتهم. وفي سياق هذه الديانة، سيستخدمون التماهي مع عيسى المسيح بشكلٍ عظيم. فالأمل في عودته إلى العالم والوعد بها يمثلان فرصةً مثالية للزُّوَّار، ولا سيما في هذا المنعطف من الألفية.

إن ما نفهمه هو أن عيسى الحقيقي لن يعود إلى العالم، لأنه يعمل بالتنسيق مع اللامرئيون ويخدم البشرية وأعراق أخرى أيضاً. أما الذي سيأتي ويدعي اسمه فسيكون من المجتمع الأعظم. سيكون شخصاً قد ولد وتمت تربيته لهذا الهدف من قبل الجماعات الموجودة في العالم اليوم. ستكون له هيئةُ إنسان وستكون لديه قدراتٌ ملحوظة مقارنةً بما يمكنكم القيام به في هذه اللحظة. وسيبدو إيثاريا تماماً. وستكون له القدرة على القيام بأعمال إما تبث الخوف في النفوس وإما تنشئ فيها إجلالاً عظيماً. ستكون له القدرة على عرض صور للملائكة أو الشياطين أو أي كائن يرغب رؤساؤه في كشفه لكم. وسيبدو أن لديه قدرات روحية. ومع ذلك، سيكون آتيا من المجتمع الأعظم، وسيكون جزءاً من الجماعة. وسينشئ لدى الناس ولاءً ليتبعوه. أما الذين لن يستطيعوا اتباعه فسيقوم في نهاية المطاف بالتشجيع على إبعادهم أو القضاء عليهم.

الزُّوَّار لا يهتمون بعدد الأشخاص الذين يتم القضاء عليهم من بينكم ما دام لديهم الأغلبية في من يدينون لهم بولاء أساسي.

لذلك، سيركز الزُّوَّار على الأفكار الأساسية التي تخولهم هذه السلطة وهذا التأثير.

يعمل الزُّوَّار إذن على تجهيز مجيء ثان. والدليلُ على ذلك، كما نفهم، موجود بالفعل في العالم. فلأن الناس لا يعلمون شيئا عن وجود الزُّوَّار أو طبيعة الواقع في المجتمع الأعظم، فسيقبلون بطبيعة الحال معتقداتهم السابقة دون أدنى شك، وسيشعرون بأن الوقت قد حان للعودة العظيمة لمخلصهم ومعلمهم. إلا أن الذي سيأتي لن يكون آتيا من الملأ الأعلى، ولن يمثل المعرفة الروحية أو اللامرئيون، ولن يمثل الخالق أو إرادة الخالق. ولقد رأينا هذه الخطة تشكّل في العالم. ورأينا أيضا خططاً مماثلة نُفِّذت في عوالم أخرى.

في الديانات الأخرى، سيعمل الزائرون على تشجيع وحدة الشكل — ما قد تطلقون عليه شكلا أساسياً من أشكال الدين ترتكز أسسه على الماضي، وعلى الولاء للسلطة، وعلى الامتثال للمؤسسة. فذلك أمرٌ يخدم الزُّوَّار. وهم ليسوا مهتمين بالعقائد والقيم التي تحويها تقاليدكم الدينية، وإنما هم مهتمون بفائدتها. فكلما زادت إمكانية تشابه الناس في تفكيرهم، وفي تصرفاتهم، وإمكانية استجاباتهم بطرق يمكن التنبؤ بها، زادت الفائدة بالنسبة للجماعات. وهذا الامتثال يجري تشجيعه في العديد من الديانات. والقصدُ هنا ليس جعلهم جميعاً متشابهين ولكن تبسيطهم داخل أنفسهم.

في جزء واحد من العالم، ستسود أيديولوجيةٌ دينية بعينها؛ وفي جزء آخر، ستسود أيديولوجيةٌ دينية أخرى. وهذا أمرٌ مفيدٌ بشكلٍ كامل للزُّوَّار، لأنهم لا يهتمون إذا كان هناك

أكثر من دين واحد ما دام هناك نظامٌ، وامتثالٌ، وولاءٌ. ونظراً لأنهم لا يعتنقون ديناً خاصاً بهم يمكنكم اتباعه أو الشعور بالتطابق معه، فسيستخدمون دينكم لتوليد القيم الخاصة بهم. ذلك أنهم لا يقدّرون سوى الولاء الكامل لقضيتهم وللجماعات ويسعون إلى ولائكم الكامل للمشاركة معهم بالطرق التي يصفونها. سوف يؤكدون لكم أن هذا سيخلق السلام والخلاص في العالم وعودة أي صورة أو شخصية دينية تعتبر ذات قيمة عظمى هنا.

هذا لا يعني أن الديانات من حيث جوهرها محكومة بقوى فضائية، لأننا نفهم أن الديانات الجوهرية أرسيت دعائمها بشكلٍ راسخ في عالمكم. ما نقوله هنا هو أن الزُّوَّار سيدعمون الدوافع وراء ذلك وآليات ذلك ويستخدمونها لتحقيق أهدافهم الشخصية. لذلك، يجب على جميع المؤمنين الحقيقيين بتقاليدهم الدينية توخي الحرص الشديد على تمييز هذه التأثيرات والتصدي لها إذا أمكن. وتجدر الإشارة في هذا المقام إلى أن الشخص العادي في العالم ليس هو الذي يسعى الزُّوَّار إلى إقناعه؛ بل القيادات.

يعتقد الزُّوَّار اعتقاداً راسخاً أنهم إذا لم يتدخلوا في الوقت المناسب، فإن البشرية ستدمر نفسها والعالم. وهذا لا يستند إلى الحقيقة؛ بل هو مجرد افتراض. ورغم أن الإنسانية معرضة لخطر إفناء نفسها، فإن هذا ليس بالضرورة مصيركم. غير أن الجماعات تعتقد ذلك، ولذا ترى أنه يتعيَّن عليها التصرف بسرعة وإيلاء قدر عظيم من التركيز لبرامج الإقناع الخاصة بها. أما الذين يمكن إقناعهم فسيتقرَّر أنهم مفيدون؛ وأما الذين لا يمكن إقناعهم فسيتم التخلص منهم وإبعادهم. وإذا أصبح الزُّوَّار أقوياء بما يكفي للسيطرة الكاملة على العالم، فسيتم ببساطة القضاء على الأشخاص الذين لا يستطيعون الامتثال. لكن ذلك التدمير لن يكون بيَد الزُّوَّار. بل سينفذ من خلال نفس الأفراد في العالم الذين أذعنوا تماما لإقناعهم.

هذا سيناريو مروع، وذلك أمر مفهوم، ولكن يجب ألا يكون لديكم أي التباس إذا أردتم فهمَ وتلقي ما نعبِّر عنه في رسائلنا لكم. القصدُ ليس إبادة البشرية، بل إن دمج البشرية هو ما يسعى الزُّوَّار إلى إنجازه. ولهذا الهدف، سيهجنون نسلكم. ولهذا الهدف، سيحاولون إعادة توجيه دوافعكم ومؤسساتكم الدينية. ولهذا الهدف، سيعملون سراً على تثبيت أقدامهم في العالم. ولهذا الهدف، سيمارسون التأثير على الحكومات وقادة الحكومات. ولهذا الهدف، سيمارسون التأثير على القوى العسكرية. إن الزُّوَّار يثقون في إمكانية نجاحهم، لأنهم حتى الآن يرون أن البشرية لم تُبد بعد مقاومةً كافية لصد تدابيرهم أو إحباط مخططهم.

للتصدي لهذا، يجب عليكم أن تتعلموا طريقة المعرفة الروحية في المجتمع الأعظم. يجب أن يتعلم طريقة المعرفة الروحية أي عرق حر في الكون، مع ذلك يمكن أن تكون

مُعَرّفة ضمن الحدود الثقافية لكل حر. هذا هو مصدر الحرية الفردية. هذا هو ما يمكّن الأفراد والمجتمعات من التمتع بنزاهة حقيقية والحصول على الحكمة الضرورية للتعامل مع التأثيرات التي تعطل المعرفة الروحية، سواء في داخل عوالمهم أو داخل المجتمع الأعظم. لذلك من الضروري أن تتعلموا طرقاً جديدة، لأنكم بصدد دخول وضع جديد مع قوى جديدة وتأثيرات جديدة. في الواقع، هذا ليس احتمالاً من احتمالات المستقبل وإنما هو تحدٍ فوري. الحياة في الكون لا تنتظر استعدادكم. فالأحداث ستقع سواء كنتم مستعدين أم لا. وها هي الزيارات قد حدثت دون موافقتكم ودون إذنكم. وها هي حقوقكم الأساسية يجري انتهاكها بدرجة أعظم بكثير مما تدركونه حتى الآن.

لهذا السبب، أُرسلنا لا لنُبَيِّن لكم منظورَنا ونشجعكم فحسْب ولكن أيضاً لنوجه نداءً، وندُق ناقوس الخطر، ونُلهم الوعي والالتزام. لقد قلنا من قبل إننا لا نستطيع إنقاذ عرقكم بالتدخل العسكري. فهذا ليس دورنا. وحتى لو حاولنا القيام بذلك وحشدنا القوةَ لتنفيذ أجندة من هذا القبيل، فسيحيق الدمار بعالمكم. لا يسعُنا إلا تقديم المشورة.

سترون في المستقبل شراسة العقائد الدينية يعبِّر عنها أصحابُها بطرق عنيفة، تنفذ ضد من يخالفونهم الرأي، وضد أمم أقل قوة، وتستخدم كسلاح للهجوم والتدمير. لن يرغب الزُّوّار في شيء أفضل من أن تحكُم مؤسساتُكم الدينية الأمم. وهذا أمرٌ يجب عليكم مقاومته. لن يرغب الزُّوّار في شيء أفضل من أن يتقاسم الجميعُ القيم الدينية، فهذا يعزز القوة العاملة لديهم ويجعل مهمتهم أسهل. ومثل هذا التأثير، بجميع تجلياته، يحد بشكلٍ أساسي من المقاومة ويحيلها استسلاماً وخضوعاً — خضوع الإرادة، خضوع الهدف، خضوع حياة الشخص وقدراته. لكن سيكون هناك من يستبشرون به باعتباره إنجازاً عظيماً للبشرية، وتطوراً عظيماً في المجتمع، وتوحيداً جديداً للعرق البشري، وأملاً جديدا للسلام والسَكينة، وانتصاراً للروح البشرية على الغرائز البشرية.

لذلك، جئناكم لننصحَ لكم ونشجِّعَكم على الامتناع عن اتخاذ قرارات غير حكيمة، وعن تقديم حياتكم ثمناً لأشياء لا تفهمونها، وعن التخلي عن تحفظكم وتمييزكم من أجل أي مكافأةٍ موعودة. وعلينا أن نشجعَكم بعدم خيانة المعرفة الروحية داخل نفوسكم، الذكاء الروحي الذي وُلدتم به والذي يحمل الآن وعدكم الوحيد والأعظم.

ربما ستنظرون إلى الكون لدى سماعكم هذا بوصفه مكاناً خالياً من النعمة. ربما تملّكتكم السخرية والخوف، وظننتم أن الجشع هو سمة الكون بأكمله. لكن الحقيقة غير ذلك. فالمطلوب الآن هو أن تصبحوا أشداء، أن تكونوا مستقبلاً أشد مما أنتم عليه حاضراً، ومما

كنتم عليه سابقاً. لا ترحبوا بالاتصالات مع الذين يتدخلون في عالمكم إلى أن تمتلكوا هذه القوة. لا تفتحوا عقولكم وقلوبكم للزُّوَّار من خارج العالم، لأنهم ما جاءوا إلى هنا إلا لأهداف خاصة بهم. لا تظنوا أنهم سوف يحققون نبوءاتكم الدينية أو مُثلكم العليا، فذلك وهم.

توجد في المجتمع الأعظم قوى روحية عظيمة — هناك أفراد بل وأمم حققوا درجات عالية جداً من الإنجازات، أعلى بكثير مما حققته البشرية حتى الآن. ولكنهم لا يذهبون إلى عوالم أخرى ويسيطرون عليها. هم لا يمثلون قوى سياسية واقتصادية في الكون. ولا هم يشاركون في التجارة إلا بقدر ما يلبي احتياجاتهم الأساسية. ونادرا ما يسافرون، إلا في حالات الطوارئ.

إن المبعوثين يُرسلون لمساعدة من هم بصدد الظهور في المجتمع الأعظم، مبعوثين مثلنا. وهناك مبعوثين روحيين أيضاً — قوة اللامرئيون، الذين يستطيعون التحدث إلى من كان مستعداً للتلقي وأبدى قلباً سليماً ووعداً حميداً. هذه هي الطريقة التي يعمل بها الرب في الكون.

أنتم بصدد دخول بيئة جديدة صعبة. لعالمكم قيمةٌ كبيرةٌ جداً في أعين الآخرين. سيتعيَّن عليكم حمايته. سيتعيَّن عليكم الحفاظ على مواردكم لكيلا تُرغموا أو تَعتمدوا على المقايضة مع أممٍ أخرى لتأمين احتياجاتكم المعيشية الأساسية. إذا لم تحافظوا على مواردكم، ستُضطرون إلى التخلّي عن الكثير من حريتكم واكتفائكم الذاتي.

روحانيتُكم يجب أن تكون سليمة. يجب أن تُبنى على تجربةٍ حقيقية، فالقِيَم والمعتقدات، والشعائر والموروثات يمكن استخدامها، بل يجري استخدامها، من قبل زُوَّاركم لتحقيق أهداف لهم.

هنا يمكن أن تبدأوا في رؤية أن زُوَّاركم لديهم مواطن ضعف كبيرة في مجالات معينة. لنستكشفْ هذا الأمر بتعمق أكثر. على المستوى الفردي، لا يملك الزُّوَّار إرادةً تُذكر ويجدون صعوبةً في التعامل مع الأمور المعقدة. إنهم لا يفهمون طبيعتكم الروحية. وهُم بكل تأكيد لا يفهمون دوافع المعرفة الروحية. وكلما زادت قوتُكم بانتهاج سبيل المعرفة الروحية، زادت الصعوبة التي يواجهونها في تفسير تصرفاتكم وفي السيطرة عليكم، وقلَّت فائدتكم بالنسبة لهم ولبرنامج الإدماج الخاص بهم. على المستوى الفردي، كلما زادت قوتكم بانتهاج سبيل المعرفة الروحية، زاد التحدي الذي صرتم تمثلونه لهم. وكلما زاد عددُ الأفراد الذين يزدادون قوة بانتهاج سبيل المعرفة الروحية، زادت أمام الزُّوَّار صعوبةُ عزلهم.

الزُّوَّار لا يملكون قوة جسدية. وإنما تكمن قوتهم في البيئة العقلية وفي استخدام تكنولوجياتهم. هم أقل منكم عدداً. وهم يعتمدون كلياً على رضوخكم، وهم على ثقة مفرطة بأن بإمكانهم النجاح. وبناءً على تجاربهم حتى الآن، لم تُبد البشرية أي مقاومة ذات شأن. ولكن كلما ازدادت قوتكم بانتهاج سبيل المعرفة الروحية، زادت إمكانية أن تصبحوا قوةً معارضة للتدخل والتلاعب وقوةً مناصرة لحرية عرقكم ونزاهته.

رغم أن عدد الذين سيتمكنون من سماع رسالتنا ربما لن يكون كثيراً، فإن استجابتكم مهمة. ربما يكون من السهل عدم تصديق حضورنا وحقيقتنا وتكون لكم ردة فعل ضد رسالتنا، إلا أننا نتحدث وفقاً للمعرفة الروحية. لذلك، فإن ما نقوله يمكن أن يكون معروفاً داخل نفوسكم، إذا كانت لديكم حريةُ معرفته.

نحن نفهم أن ما نقوله في حديثنا يتعارضُ مع كثير من المعتقدات والأعراف. بل إن ظهورنا هنا سيبدو عصياً على التفسير وسيرفضه الكثيرون. لكن يمكن أن يكون لكلماتنا ورسالتنا صدى في نفوسكم لأننا نتكلم في إطار المعرفة الروحية. قوة الحقيقة هي أعظم قوة في الكون. ذلك أنها تملك القدرة على التحرير. وتملك القدرة على التنوير. وتملك القدرة على منح الشدة والثقة لمن يحتاج إليهما.

يقالُ لنا إن للضمير الإنساني قيمةً عالية في أعينكم وإن كان ربما لا يُتبَع دائماً. هذا هو ما نتحدث عنه عندما نتكلم عن طريقة المعرفة الروحية. إنه أمرٌ لا غنى عنه لكل دوافعكم الروحية الحقيقية. وهو أمرٌ تتضمنه أديانكم بالفعل. وهو ليس عليكم بجديد. ولكن يجب أن يُنظرَ إليه باعتباره قيمةً كبيرة، وبخلاف ذلك لن تنجحَ جهودُنا ولا جهود اللامرئيون لتحضير البشرية للمجتمع الأعظم. لن يستجيب إلا قلةٌ من الناس. وستكون الحقيقةُ عبئاً ثقيلاً عليهم، لأنهم لن يستطيعوا تناقلها بشكلٍ فعال.

لذلك، أتينا لا لننتقد مؤسساتكم أو أعرافكم الدينية، ولكن فقط لنُبَيِّن لكم كيف يمكن أن يتم إستخدامها لإلحاق الضرر بكم. لسنا هنا لاستبدالها أو إنكارها، ولكن لنُبَيِّن كيف أن النزاهة الحقيقية يجب أن تسود هذه المؤسسات والأعراف حتى يتسنى لها خدمتكم بطريقة أصيلة.

في المجتمع الأعظم، تتجسد الروحانية فيما نطلق عليه المعرفة الروحية، المعرفة الروحية بمعنى ذكاء الروح وحركة الروح في داخلك. هذا يمكّنك لكي تعرف بدلا من أن تؤمن فقط. هذا يزودك بحصانة ضد الإقناع والتلاعب، لأن المعرفة الروحية غير قابلة للتلاعب من قبل أي قدرة أو قوة دنيوية. وفي هذا حياةٌ لأديانكم وأملٌ لمصيركم.

إننا نتمسك بحقيقة هذه الأفكار، لأنها أساسية. إلا أنها منعدمة لدى الجماعات، وإذا ما واجهتم تلك الجماعات، أو حتى حضورها، وكانت لديكم القوة للمحافظة على عقولكم، فسترون ذلك بأنفسكم.

يقال لنا إن كثيرين في العالم يرغبون في الاستسلام والإذعان لقوة أعظم في الحياة. وهذا أمرٌ لا يَنفرد به عالم البشرية، إلا أن اتباع نهج كهذا في المجتمع الأعظم يؤدي إلى العبودية. نحن نفهم هو أنه في عالمكم الخاص، قبل مجيء الزُّوَّار بهذه الأعداد، كان اتِّباعُ نهج من هذا القبيل يؤدي في كثير من الأحيان إلى العبودية. لكن في المجتمع الأعظم، أنتم أكثر عرضة للخطر، ويجب أن تكونوا أكثر حكمة، وأكثر حذراً، وأقرب إلى الاكتفاء الذاتي. سيكون للتهور في هذا الأمر تكلفةٌ باهظة وعواقب عظيمة.

إن كان بمقدوركم الاستجابة للمعرفة الروحية وتعلُّم طريقة المعرفة الروحية في المجتمع الأعظم، فسيكون بمقدوركم رؤية هذه الأشياء بأنفسكم. عندئذ ستؤكدون كلماتنا بدلاً من الاكتفاء بتصديقها أو إنكارها. الخالق يجعل هذا الأمر ممكناً، لأن مشيئة الخالق هي أن تستعد البشرية لمستقبلها. ولهذا السبب جئناً. لهذا السبب نراقب الوضع ولدينا الآن فرصة الإبلاغ عما نراه.

إن التقاليد الدينية في العالم تدعمكم بشكلٍ جيد في تعاليمها الجوهرية. وقد أتيحت لنا فرصة التعلُّم عنها من اللامرئيون. إلا أنها تمثل أيضاً نقطة ضعف محتملة. ولو كانت البشرية أكثر يقظة وفهماً لحقائق الحياة في المجتمع الأعظم ولِمعنى الزيارات السابقة لأوانها، لما كانت المخاطر التي تواجهونها اليوم بهذه الضخامة. هناك أملٌ وتوقعٌ أن تجلب هذه الزيارات مكافآت عظيمة وأن تتم احتياجات لكم. إلا أنه لم يتسن لكم إلى الآن التعلم عن واقع المجتمع الأعظم أو القوى النافذة التي تتفاعل مع عالمكم. وافتقاركم إلى الفهم وإيلاؤكم ثقة غير ناضجة في الزُّوَّار أمران لا يعودان عليكم بأي نفع.

وهذا هو السبب الذي يدفع الحكماء في جميع أنحاء المجتمع الأعظم إلى البقاء في الخفاء. وهؤلاء الحكماء لا يسعون إلى التجارة في المجتمع الأعظم. ولا يسعون إلى الانضمام إلى أي نقاباتٍ أو تعاونيات تجارية. ولا يسعون إلى إقامة علاقات دبلوماسية مع عوالم كثيرة. وتتسم شبكةُ الولاء لديهم بقدر أكثر من الغموض، وبطابع أكثر روحانية. إنهم يفهمون أخطار وصعوبات التعرض لحقائق الحياة في الكون المادي. هم يحافظون على عزلتهم، ويبقون متيقظين عند حدودهم. الأمر الوحيد الذي يسعون إليه هو بسطُ حكمتهم عبر وسائل أقل مادية في طبيعتها.

ربما يمكنكم رؤية ذلك في عالمكم معبراً عنه في الأشخاص الأكثر حكمة، والأكثر موهبة، الذين لا يسعون إلى كسب مزايا شخصية من خلال الطرق التجارية والذين لا يتخذون الغزو والتلاعب سبيلا. وعالمُكم يخبركم الكثير. وتاريخكم يخبركم الكثير، ويوضح، وإن كان على نطاق أصغر، كل ما نقدِّمه لكم هنا.

بالتالي، فإن مقصدنا لا يقتصر على تحذيركم من خطورة موقفكم وإنما تزويدكم، إذا أمكن، بقدر أعظم من التصور والفهم للحياة، وهو ما ستحتاجون إليه. ونحن على ثقة من أنه سيكون هناك ما يكفي من الأشخاص الذين يستطيعون سماع هذه الكلمات والاستجابة لعظَمة المعرفة الروحية. ونأمل أن يكون هناك من يستطيعون التعرف أن الهدف من رسائلنا ليس إثارة الخوف والهلع وإنما حشد المسؤولية والالتزام بالمحافظة على الحرية والخير في عالمكم.

إذا ما أخفقت البشرية في التصدي للتدخل، فيمكننا رسم صورة لما قد يعنيه ذلك. لقد رأينا ذلك يحدث في أماكن أخرى، لأن كل واحد منا كاد أن يحدث له ذلك، في داخل عوالمنا. كوكبُ الأرض، إذا أصبح جزءاً من جماعة، سيستغل من أجل موارده، وسيرغم الناس على العمل كالماشية، وأما المتمردون والهراطقة فسيكون مصيرهم إما الإبعاد وإما التدمير. وسيتم الحفاظ على العالم لما يحويه من زراعات ومصالح تعدينية. ستظل المجتمعات البشرية موجودة، لا لشيء إلا لتكون خاضعة للقوى من خارج العالم. ولو أن العالم استنفد فائدته وتم الاستيلاء على موارده بالكامل، سوف تتركون مجردين من كل شيء. وستكون كل العناصر التي تدعم معيشتكم في العالم قد سلبت منكم؛ وكل العناصر اللازمة لبقائكم على قيد الحياة قد سرقت. ذلك أمر قد حدث من قبل في أماكن كثيرة أخرى.

وفي حالة هذا العالم، قد تختار الجماعاتُ الحفاظ على العالم لاستخدامه بشكلٍ مستمر كموقع استراتيجي وكمستودع بيولوجي. لكن البشَر سيعانون أشدَّ المعاناة تحت ذلك الحُكم القمعي. سيتم تقليل عدد سكان البشرية. وستوكل عمليةُ إدارة أمور البشرية إلى الهجناء لقيادة العرق البشري ضمن نظام جديد. الحريةُ البشرية كما تعرفونها لن يعودَ لها وجود، وستعانون تحت وطأة الحكم الأجنبي، وهو حكمٌ سيكون قاسياً ومتطلباً.

يوجد جماعات كثيرة في المجتمع الأعظم. بعضها كبير؛ وبعضها صغير. بعضها أكثر أخلاقا في أساليبها؛ وكثير منهم دون ذلك. وبقدر تنافسها فيما بينها على اقتناص الفرص، مثل حكم عالمكم، يمكن أن ترتكب أنشطةٌ خطيرة. ولا بد أن نوضح لكم هذا الأمر لكيلا يكون لديكم شك فيما نقوله. الخيارات أمامكم محدودة جداً، لكنها أساسية جداً.

لذلك، افهموا أنكم جميعاً، من منظور زُوَّاركم، قبائل يلزم أن تدار شؤونها وتفرض السيطرة عليها لتحقيق مصالح الزُّوَّار. لهذا السبب، سيتم الحفاظ على أديانكم وعلى قدر معين من واقعكم الاجتماعي. لكنكم ستخسرون الكثير. وسيضيع الكثير قبل أن تدركوا ما أُخذ منكم. لذلك، فإن كل ما يسعنا القيام به هو دعوتكم إلى توخي اليقظة وتولي المسؤولية والالتزام بالتعلم — التعلم عن الحياة في المجتمع الأعظم، وتعلم سبل الحفاظ على ثقافتكم وواقعكم داخل بيئة أعظم، وتعلم رؤية من يعمل على خدمتكم وتمييزهم عمن لا يعملون على ذلك. هذا التمييز الأعظم مطلوب بشدة في العالم، حتى في تذليل الصعوبات التي تواجهونها. لكن فيما يتعلق ببقائكم ورفاهكم في المجتمع الأعظم، هو أمر لا غنى عنه على الإطلاق.

لذلك، نشجعكم على التحلي بالإقدام. فلدينا المزيد الذي نود إطْلاعكم عليه.

العتبة: وعدٌ جديدٌ للبشرية

من أجل التحضير للحضور الفضائي الموجود في العالم، من الضروري تعلُّم المزيد عن الحياة في المجتمع الأعظم، الحياة التي ستحيطُ بعالمكم في المستقبل، الحياة التي ستكونون جزءاً منها.

كان مصيرُ البشرية دائماً هو الظهور في مجتمع أعظم من الحياة الذكية. هذا أمرٌ حتمي ويحدثُ في جميع العوالم التي بُذرت فيها الحياة الذكية وتطورت. كُنتم ستدركون في نهاية المطاف أنكم كنتم تعيشون داخل مجتمع أعظم. وكنتم ستكتشفون في النهاية أنكم لم تكونوا وحدكم في عالمكم، وأن الزيارات كانت تحدُث، وأنه كان سيتعيَّن عليكم تعلم التنافس مع أعراق وقوى ومعتقدات ومواقف متباينة سائدة في المجتمع الأعظم الذي تعيشون فيه.

الظهور في المجتمع الأعظم هو مصيرُكم. عزلتُكم قد انتهت الآن. رغم أن عالمكم قد تمَّت زيارتُه مرات كثيرة في الماضي، فإن حالة انعزالكم قد انتهت. وبات من الضروري الآن أن تُدركوا أنكم لم تعودوا بمفردكم، لا في الكون ولا حتى داخل عالمكم. هذا المفهوم يرِدُ بشكل أكمل في التعليم في روحانية المجتمع الأعظم الذي يجري تقديمه في العالم اليوم. دورُنا هنا هو وصفُ الحياة بشكلها القائم في المجتمع الأعظم حتى تفهموا بشكل أعمق البانوراما الأعظم للحياة التي أنتم بصدد الظهور فيها. هذا ضروري لكي تتمكنوا من التعامل مع هذا الواقع الجديد بقدر أعظم من الموضوعية والفهم والحكمة. لقد عاشت البشرية في عزلة نسبية لوقت طويل جداً حتى أصبح من الطبيعي أن تعتبروا أن بقية الكون يعملُ وفقاً لأفكاركم، ومبادئكم، وعلومكم التي تعتبرونها مقدسة وتبنون عليها أنشطتكم وتصوراتكم عن العالم.

المجتمع الأعظم شاسع. ولم يتم قط استكشافُ أبعد مدى له. إنه أعظمُ من أن يفهمه أي عرق من الأعراق. فداخل هذه الخليقة الرائعة، توجد حياة ذكية على جميع مستويات التطور وبتعبيرات لا تُعد ولا تُحصى. عالمُكم يوجد في جزء من المجتمع الأعظم المأهول بدرجة لا بأس بها. هناك مناطق كثيرة من المجتمع الأعظم لم تُستكشف قط وهناك مناطق أخرى تعيشُ فيها أعراق في سرية. كل شيء موجود في المجتمع الأعظم كشكل من تجليات الحياة. رغم أن الحياة كما وصفناها تبدو صعبةً ومليئةً بالتحديات، فإن الخالق يعملُ في كل مكان، ويسترجعُ المنفصلين من خلال المعرفة الروحية.

في المجتمع الأعظم، لا يمكن أن يكون هناك دينٌ واحد، أو أيديولوجيةٌ واحدة، أو شكلٌ واحد من أشكال الحكومة يمكن تكييفه ليلائم جميع الأعراق والشعوب. لذلك، عندما نتكلَّمُ عن الدين، فإننا نتكلم عن روحانية المعرفة الروحية، فهذه هي قوة وحضور المعرفة الروحية الموجودة بداخل كل الحياة الذكية، بداخلكم، وداخل زواركم، وداخل الأعراق الأخرى التي ستلتقون بها في المستقبل.

ومن ثم، تصبحُ الروحانيةُ الكونيةُ نقطةً مركزية عظيمة. وهي تشملُ المفاهيم والأفكَار المتباينة السائدة في عالمكم وتُعطي واقعكم الروحي أساساً مشتركاً. ومع ذلك فإن دراسة المعرفة الروحية ليست عملاً تنويرياً فحسب، بل أساسي للبقاء والتطور في المجتمع الأعظم. فحتى يتسنّى لكم تأسيسُ وإدامةُ حريتكم واستقلالكم في المجتمع الأعظم، يجب أن تكون هذه القدرة العظمى قد تطورت لدى عدد كافٍ من الأشخاص في عالمكم. المعرفة الروحية هي الجزءُ الوحيدُ منك الذي لا يمكن التلاعب به أو التأثير عليه. إنها مصدرُ كل فهم حكيم وكل عمل حكيم. وهي تصبحُ ضرورة داخل بيئة المجتمع الأعظم إذا كان يُنظرُ إلى الحرية باعتبارها قيمة وإذا كنتم ترغبون في تحديد مصيركم بدون أن تُدمجوا في جماعة أو في مجتمع آخر.

لذلك، بينما نعرضُ عليكم حالةً خطيرةً في العالم اليوم، فإننا نقدمُ أيضاً هديةً عظيمةً ووعداً عظيماً للبشرية، لأن الخالق لن يترككم دون تحضير للمجتمع الأعظم، الذي هو أعظم عتبة ستواجهونها كعرق. هذه هديةٌ بوركنا بها أيضاً. وهي مازالت بحوزتنا على مدى قرون كثيرة مما تعدون. كان علينا أن نتعلمها اختياراً وللضرورة على حد سواء.

بالفعل، إن حضور المعرفة الروحية وقوّتها هما ما أتاحا لنا التكلم كحلفاء لكم وتوفير المعلومات التي نقدِّمها في هذه الإحاطات. ولو لم نكن وجدنا هذا الوحي العظيم، لبقينا معزولين في عوالمنا، غير قادرين على استيعاب القوى العظمى في الكون التي ستشكِّلُ

مستقبلنا ومصيرنا. فالهدية التي يجري إعطاؤها في عالمكم اليوم قد أُعطيت لنا ولكثيرٍ من الأعراق الأخرى التي أظهرت وعداً مبشراً. هذه الهدية مهمةٌ بشكل خاص للأعراق الظاهرة كعرقكم التي تبدي وعداً مبشراً ولكن معرضة لخطر بالغ في المجتمع الأعظم.

لذلك، فمع أنه لا يمكن أن يوجد دينٌ واحدٌ أو إيديولوجيةٌ واحدةٌ في الكون، فإن هناك مبدأ كونياً وفهماً وواقعاً روحياً متاحاً للجميع. وهو مكتمل إلى حد أن بمقدوره التخاطب مع من هم يختلفون عنكم كثيراً. إنه يخاطب الأحياء بكل تنوعهم وكل تجلياتهم. وأنتم، يا من تعيشون في عالمكم، لديكم الآن الفرصة للتعلم عن هذه الحقيقة العظيمة وتجربة قوتها ونعمتها لأنفسكم. بالفعل، في نهاية المطاف، هذه هي الهدية التي نود تعزيزها، لأنها هي التي ستحفظ لكم حريتكم وحقكم في تقرير مصيركم وتفتح الباب لوعد أعظم في الكون.

مع ذلك، ستواجهون في البداية شدائداً وتحدياً عظيماً. وهذا يتطلبُ منكم تعلم معرفةً روحية أعمق ووعي أعظم. وإذا استجبتم لهذا التحدي أنتم المستفيدين، ليس على مستوى الفرد فحسب بل على مستوى العرق البشري بأكمله.

يجري تقديم التعليمُ في روحانية المجتمع الأعظم في العالم اليوم. وهو تعليم لم يعرض هنا من قبل. ويجري تقديمُه من خلال شخص واحد، يخدمُ كوسيط لهذا التقليد ومتحدث باسمه. ويجري إرسالُه إلى داخل العالم في هذا الوقت الحرج الذي يجبُ فيه على البشرية أن تتعلم عن حياتها في المجتمع الأعظم وعن القوى العظمى التي تشكل العالم اليوم.

فقط بهذا التعليم والفهم من خارج العالم يمكنُكم الحصول على هذه الميزة وهذا الإعداد.

لستُم وحدكم في الاضطلاع بهذه المهمة العظيمة، فهناك آخرون في الكون يضطلعون بها، حتى في هذه المرحلة من مراحل تطوركم. إنما أنتم عرقٌ واحد من بين أعراق عديدة آخذةٍ في الظهور في المجتمع الأعظم في هذا الوقت، كلٌّ من هذه الأعراق ينبئ بأمورٍ واعدةٍ إلا أن كلا منها عرضةٌ لخطر الصعوبات والتحديات والتأثيرات الموجودة في هذه البيئة العظمى. الحقُّ أن العديدَ من الأعراق فقدت حريتَها قبل أن تبلغها لتصبح مجرد جزءاً من الجماعات أو النقابات التجارية أو الدول العميلة لقوى أكبر.

لا نتمنى أن نرى ذلك يحدثُ للبشرية، لأن ذلك سيكونُ خسارةً عظيمة. ولهذا السبب نحنُ هنا. لهذا السبب يعملُ الخالق في العالم اليوم، حيث يجلبُ مفهوماً جديداً للأسرة البشرية. لقد حان الوقت لأن تنهي البشريةُ صراعاتها المستمرة فيما بينها وتستعد للحياة في المجتمع الأعظم.

أنتم تعيشون في منطقة يسودُها نشاطٌ عظيم خارج نظامكم الشمسي الصغير. وداخل هذه المنطقة، تُزاولُ أعمالُ المقايضة التجارية على طول طرق رئيسية معينة. تتفاعلُ العوالمُ، وتتنافسُ، وفي بعض الأحيان تتصارعُ مع بعضها البعض. ويسعى أصحابُ المصالح التجارية كلهم إلى اقتناص الفرص. وهم لا يسعون إلى تأمين الموارد فحسْب وإنما أيضا تأمين الولاء من عوالم كعالمكم. ويشكّلُ بعضُهم جزءاً من جماعات أكبر. هناك آخرون يحافظون على التحالفات الخاصة بهم على نطاقٍ أضيق بكثير. لقد كان على العوالم القادرة على الظهور بنجاح في المجتمع الأعظم أن تحافظ بدرجةٍ عظيمةٍ على استقلاليتها واكتفائها الذاتي. فهذا يحرِّرُهم من أن يكونوا منكشفين لقوى أخرى وهو أمر سوف يخدم فقط استغلالهم والتلاعب بهم.

إن اكتفاءَكم-الذاتي وتطورَ فهمكم ووحدَتَكم هي بالفعل الأمور التي سيصبحُ لا غنى عنها البتة لرفاهكم في المستقبل. وهذا المستقبلُ ليس منكم ببعيد، لأن تأثير الزوار بدأ يتزايدُ بالفعل في عالمكم. وهناك كثيرون قد أذعنوا لهم بالفعل وباتوا يعملون الآن مبعوثين ووسطاء لهم. وهنا كثيرون آخرون يجري استخدامُهم ببساطة كموارد لبرنامجهم الوراثي. وقد حدث هذا، كما قلنا، مرات عديدة في أماكن عديدة. الأمرُ يخلو من الغموض بالنسبة لنا وإن بدا بالتأكيد غير مفهوم لكم.

التدخلُ هو في جانب منه مصيبةٌ وفي الجانب الآخر فرصةٌ حيوية. فإذا كان بمقدوركم الاستجابة، والتحضير، وتعلم المعرفة الروحية والحكمة المقدمة من المجتمع الأعظم، فسيكون بمقدوركم صد عمل القوى التي تتدخل في عالمكم وبناء الأساس لوحدة أعظم بين شعوبكم وقبائلكم. نحن، بالطبع، نشجّع هذا، لأن هذا يقوي عروة المعرفة الروحية في كل مكان.

في المجتمع الأعظم، نادراً ما تحدثُ حروبٌ على نطاق واسع. فهناك قوى مُقيدة. فقبل كل شيء، تؤدي الحرب إلى اضطرابات في التجارة وفي تطوير الموارد. ونتيجة لذلك، لا يُسمحُ للأمم الكبيرة بالتصرف باستهتار، لأنها تعرقلُ أهداف الأطراف الأخرى والأمم الأخرى والمصالح الأخرى أو تحولُ دون تحقيقها. تحدثُ الحروبُ الأهليةُ بشكل دوري في العوالم، أما الحروبُ الواسعةُ النطاق بين المجتمعات وبين العوالم فنادراً ما تقعُ بالفعل. لهذا السبب جزئياً أُنشئت تلك المهارة في البيئة العقلية، لأن الأمم تتنافسُ مع بعضها البعض وتحاولُ التأثير على بعضها البعض. حيث إن تدميرُ الموارد والفرص أمراً لا يرغبُ فيه أي أحد، فإنه يتم تنمية هذه المهارات والقدرات الأعظم بدرجات متفاوتة من النجاح بين العديد من

المجتمعات في المجتمع الأعظم. وعندما توجدُ هذه الأنواع من التأثيرات، تكونُ الحاجةُ إلى المعرفة الروحية أعظم.

إن البشرية غيرُ مستعدة لهذا الأمر بشكل كاف. ولكن بسبب تراكم الروحي الثري ومقدار الحرية الشخصية الموجودة في عالمكم اليوم، هناك وعداً مبشراً في المضيُ قُدماً في هذا الفهم الأعظم وبالتالي تأمين حريتكم والحفاظ عليها.

توجد قيودٌ أخرى تحول دون وقوع الحروب في المجتمع الأعظم. معظمُ المجتمعات التي تزاولُ المقايضة التجارية تنتمي إلى نقابات كبيرة لديها قوانين ومدونات لقواعد السلوك منشأة لأعضائها. وتعملُ هذه القوانين ومدونات قواعد السلوك على تقييد أنشطة العديد ممن يسعون إلى استخدام القوة للوصول إلى عوالم أخرى والموارد المملوكة لها. وإذا اندلعت الحربُ على نطاق واسع فإنها ستطالُ الكثير من الأعراق، وهذا لا يحدثُ في كثير من الأحيان. البشريةُ بحسب فهمنا نزاعةٌ للحرب وتتصور النزاع في المجتمع الأعظم من منظور الحرب، لكن ستجدون في الواقع أن الحربَ لا يتم التسامح بها وأن سُبُل الإقناع الأخرى توظف بدلاً من القوة.

من هذا المنطلق، يأتي زوارُكم إلى عالمكم دون تسليح عظيم. لا يأتون ومعهم قواتٌ عسكريةٌ ضخمة، لأنهم يوظفون المهارات التي تخدمُهم بطُرق أخرى، أي مهارات في التلاعب بأفكار من يواجهونهم ودوافِعهم ومشاعرِهم. والبشُرية عرضةٌ كبيرة لخطر عمليات الإقناع تلك بالنظر إلى ما هو سائد في عالمكم من خرافات وصراعات وانعدام الثقة في هذا الوقت.

لذلك، فحتى يتسنّى فهمُ زواركم وفهمُ الآخرين الذين ستقابلونهم في المستقبل، يجبُ عليكم وضع نهج أكثر نضجاً لاستخدام القوة والتأثير. هذا جزءٌ حيويٌ من تعليم المجتمع الأعظم. وسيُعطى جزءٌ من التحضير لهذا في التعليم في روحانية المجتمع الأعظم، ولكن يجب أن تتعلموا أيضاً من خلال التجربة المباشرة.

في الوقت الحاضر، نحن نفهم، أنه تسيطرُ على كثير من الناس أوهامٌ كبيرة في نظرتهم إلى المجتمع الأعظم. إذ يُعتقد أن من هم متطورون تكنولوجياً متطورون روحياً أيضاً، ولكن نستطيعُ أن نؤكد لكم أن هذا ليس هو الحال. أنتم أنفسكم، على الرغم من أنكم الآن أكثر تقدماً في التكنولوجيا مما كنتم عليه سابقاً، فإنكم لم تتطوروا روحياً بدرجة عظيمة جداً. لديكم المزيد من القوة، ولكن مع القوة تأتي الحاجة إلى زيادة ضبط النفس أكثر.

يوجد في المجتمع الأعظم من هم أشدُّ منكم قدرةً على المستوى التكنولوجي وحتى على مستوى الفكر. إنكم ستتطورون للتعامل معهم، لكن الأسلحة لن تكون بؤرة تركيزكم.

لأنه في حال قيام حرب بين الكواكب، يكون الدمارُ شديداً إلى حد أن الكل يخسرون. وماهي الغنائم في صراع كهذا؟ ما هي المزايا التي يؤمنُّها؟ عندما يقعُ صراعٌ كهذا، فإنه يحدث في الفضاء نفسه ونادراً ما يحدث على البيئات الأرضية. ويتم بسرعة التصدي للأمم المتمردة ولمن يقومون بالتدمير والعدوان، وخاصةً إذا كانوا موجودين في مناطق مأهولة تزاول فيها التجارة.

لذلك، من الضروري أن تفهموا طبيعة الصراع في الكون لأن ذلك سيوفرُ لكم البصيرة بشأن الزوار واحتياجاتهم — لماذا يعملون بالطريقة التي يعملون بها، ولماذا الحرية الفردية غير معروفة بينهم، ولماذا يعتمدون على جماعاتهم. لأن هذا يوفر لهم الاستقرار والقوة، لكن أيضاً يجعلهم ضعفاء لمن هم مزودون بمهارات المعرفة الروحية.

تمكنِّكم المعرفة الروحية من التفكير بأي عدد من الطرق، ومن التصرف بتلقائية، ومن تصور الواقع فيما وراء ما هو واضح، ومن تجربة المستقبل والماضي. هذه القدرات بعيدةٌ عن متناول من ليس بوسعهم إلا اتباع الأنظمة وإملاءات ثقافاتهم. أنتم متأخرون كثيراً عن زواركم من الناحية التكنولوجية، لكن تملكون الوعد بتطوير المهارات في طريقة المعرفة الروحية، فهي مهاراتٌ ستحتاجون إليها ويجب أن تتعلموا الاعتماد عليها بشكل متزايد.

لن نكون حلفاءً للبشرية إذا لم نعلّمكم عن الحياة في المجتمع الأعظم. لقد رأينا الكثير. وواجهنا الكثيرَ من الأشياء المختلفة. وقُهرت عوالمُنا وكان علينا استعادةُ حريتنا. ولدينا، من الخطأ ومن التجربة، علمٌ بطبيعة الصراع والتحدي الذي تواجهونه اليوم. ولهذا السبب فإننا ملائمون تماماً لهذه المهمة في خدمتنا لكم. مع ذلك، لن تقابلونا، ولن نأتي لمقابلة قادة دولكم. ذلك ليس هدفُنا.

بالفعل، أنتم بحاجة إلى أقل مستوى من التداخل قدر الإمكان، إلا أنكم بحاجة إلى مساعدة عظيمة. هناك مهارات جديدة يجب عليكم تطويرها وهناك فهم جديد يجب عليكم اكتسابُه. حتى لو كان القادمون إلى عالمكم من الأخيار، لكان لهم ذلك التأثير وذلك الوقع عليكم فتصبحون معتمدين عليهم ولا تقومون بتأسيس قوتكم وقدراتكم واكتفائكم الذاتي. سيكونُ اعتمادُكم كبيراً على تكنولوجياتهم وعلى فهمهم إلى حد أنهم لن يكونوا قادرين على تركِكم. والحقيقةُ أن مجيئهم إلى هنا سيجعلُكم حتى أكثر عرضة لخطر التداخل في المستقبل. لأنكم سترغبون في تكنولوجياتهم، وستريدون السفر على طول ممرات المقايضة التجارية في المجتمع الأعظم. ولكن لن تكونوا مستعدين، ولن تكونوا حكماء.

هذا هو السببُ في أن أصدقاء المستقبل ليسوا هنا. وهذا هو السببُ في أنهم لا يأتون لمساعدتكم. لأنكم لن تصبحوا أقوياء إن هم فعلوا ذلك. ستريدون عندئذ الارتباط بهم وإقامة تحالفات معهم، ولكن ستكونون أضعف من أن توفروا الحماية لأنفسكم. جوهرُ الأمر هو أنكم ستصبحون جزءاً من ثقافتهم، وهو أمر لا يريدونه.

ربما لن يتمكن الكثير من الناس من فهم ما نقوله هنا، لكن ستجدون بمضي الوقت أنه منطقي تماماً، وسترون حكمته وضرورته. في هذه اللحظة، أنتم أكثر ضعفاً، وأكثر تشتتاً، وأكثر تناحراً، من أن تشكلوا تحالفات قوية، حتى مع من يمكن أن يكونوا أصدقاءكم في المستقبل. ليس بمقدور البشرية بعد أن تتكلم بصوت واحد، ومن ثم فإنكم عرضة للتدخل والتلاعب من الخارج.

ومع تزايد واقع المجتمع الأعظم في عالمكم، وفي حال أمكن لرسالتنا بلوغ عدد كاف من الناس، سيتزايدُ الإجماع على أن هناك مشكلة أعظم تواجهها البشرية. ومن شأن ذلك أن يخلق أساساً جديداً للتعاون والإجماع. لأنه ما الميزة التي يمكن أن تتفوق بها دولة على أخرى في عالمكم عندما يواجه العالم بأكمله خطر التدخل من الخارج؟ ومن الذي يمكنه أن يسعى لاكتساب القوة الفردية في بيئة تتدخل فيها قوات فضائية من خارج الأرض؟ إن الحرية لا تكون حقيقية في عالمكم إلا إذا تقاسمها الجميع. يجب الاعتراف بها ومعرفتها. ولا يمكن أن تكون امتيازاً لحفنة من الناس وإلا لما كانت هناك شدة حقيقية هنا.

إننا نفهمُ من اللامرئيون أنه يوجد بالفعل أشخاصاً يسعون إلى الهيمنة على العالم لأنهم يعتقدون أن لديهم بركات الزوار ودعمهم. لديهم تأكيدات من الزوار تطمئنهم بأنهم سيتلقون المساعدة في سعيهم إلى الحصول على السلطة. ولكن، ما الذي يتنازلون عنه سوى مفاتيح حريتهم الشخصية وحرية عالمهم؟ إنهم يفتقرون إلى المعرفة والحكمة. ولا يستطيعون رؤية خطأهم.

نفهمُ أيضاً أن هناك من يعتقد أن الزوار هنا ليمثلوا نهضةً روحيةً وأملاً جديداً للبشرية، لكن كيف لهم أن يعرفوا، وهم لا يعرفون شيئاً عن المجتمع الأعظم؟ إنه أملُهم ورغبتُهم في أن يكون هذا هو واقعُ الأمر، وهذه الرغبات يستوعبُها الزوار لأسباب في غاية الوضوح.

ما نقولُه هنا هو أنه لا يمكنُ أن يقتصر الأمرُ على وجود حرية حقيقية في العالم، وقوة حقيقية، ووحدة حقيقية. نحن نتيح رسالتنا للجميع، ونحن على ثقة من أن كلماتنا يمكن تلقيها وأخذها بعين الاعتبار بجدية. لكننا لا نملكُ التحكم في استجابتكم. ربما تؤدي الخرافات والمخاوف السائدة في العالم إلى جعل رسالتنا بعيدة عن متناول الكثيرين. لكن

الوعد لا يزال موجوداً. لكي نعطيكم المزيد، سيتعين أن نستولي على عالمكم، وهو ما لا نريد أن نفعله. لذلك، فنحن نعطي كل ما بوسعنا إعطاؤه دون التشويش في شؤونكم. لكن هناك كثيرون يريدون التشويش. يريدون أن يقوم بإنقاذهم أو تخليصهم شخصٌ آخر. إنهم لا يثقون بالإمكانات المتاحة للبشرية. ولا يؤمنون بمواطن القوة والقدرات المتأصلة في البشرية. هؤلاء سيسلّمون حريتهم طواعية. سيصدقون ما يقوله لهم الزوار. وسيخدمون أسيادَهم الجدد، معتقدين أن ما يقدَّم لهم هو تحريرهم.

إن الحرية شيءٌ ثمين في المجتمع الأعظم. لا تنسوا ذلك أبداً. حريتكم، حريتنا. وما الحرية إلا القدرة على إتباع المعرفة الروحية، الحقيقة التي وهبها الخالق لكم، وعلى التعبير عن المعرفة الروحية والمساهمة بالمعرفة الروحية بكل تجلياتها؟

زوارُكم لا يملكون هذه الحرية. هي غير معروفة لهم. إنهم ينظرون إلى فوضى عالمكم، ويعتقدون أن النظام الذي سيفرضونه هنا سيخلّصكم وينقذكم من تدميركم لأنفسكم. هذا كل ما يمكنهم تقديمه، لأن هذا هو كل ما لديهم. سيستغلونكم، لكنهم لا يعتبرون هذا الأمر في غير محله، لأنهم هم أنفسُهم مستغَلون ولا يعرفون لذلك بديلاً. فلقد تمت برمجتُهم وتكييفُهم بشكل شامل إلى حد أن الوصول إليهم على مستوى روحانيتهم العميقة أمر تكاد تكون فرصُه معدومة. ذلك أنكم لا تملكون الشدة للقيام بذلك. وسيتعينُ أن تكونوا أشد بكثير من شدتكم اليوم حتى تتمكنوا من أن تأثروا على زواركم تأثيراً يحققُ لهم الخلاص. على أن امتثالهم ليس أمراً غير اعتيادي في المجتمع الأعظم. بل هو أمرٌ شائع جداً في الجماعات الكبيرة، حيث يكونُ توحدُ الشكل والامتثالُ ضروريين للعمل بكفاءة، لا سيما عبر مساحات الفضاء الشاسعة.

لذلك، لا تنظروا إلى المجتمع الأعظم بخوف، بل بموضوعية. والظروفُ التي نَصِفُها موجودةٌ بالفعل في عالمكم. إنها أمور تستطيعون فهمها. فالتلاعب أمرٌ معروفٌ لديكم. والتأثير أمرٌ معروفٌ لديكم. كل ما في الأمر أنكم لم تواجهوا أياً منهما قط على نطاق بهذا الاتساع، ولا كان عليكم يوماً أن تتنافسوا مع أشكال أخرى من الكائنات الذكية. ونتيجةً لذلك، لا تتوافر لديكم بعد المهارات اللازمة للقيام بذلك.

نحن نتكلمُ عن المعرفة الروحية لأنها أعظم قدرة لديكم. بغضِّ النظر عن التكنولوجيا التي يمكنكم تطويرها مع مرور الوقت، فالمعرفة الروحية هي وعدكم الأعظم. أنتم متأخرون كثيراً عن الزوار في تطوركم التكنولوجي. لذلك يجبُ عليكم الاعتماد على المعرفة الروحية. إنها أعظمُ قوة في الكون، وزوارُكم لا يستخدمونها. إنها أملُكم الوحيد. وهذا هو السببُ في

أن التعليم في روحانية المجتمع الأعظم يعلّمُ طريقة المعرفة الروحية، ويوفرُ خطوات إلى المعرفة الروحية ويعلمُ حكمة المجتمع الأعظم وبصيرته. بدون هذا التحضير، لن تكون لديكم المهارةُ أو المنظورُ اللازمان لفهم المعضلة التي تواجهونها أو الاستجابة لها بفعالية. إنه أمرٌ يفوق الحدود حجماً. إنه أمرٌ يفوق الحدود حداثةً. ولستم متكيفين مع هذه الظروف الجديدة.

يتزايد تأثيرُ الزوار مع مرور كل يوم. على كل شخص يستطيع سماع هذا والشعور به ومعرفته أن يتعلم طريقة المعرفة الروحية، طريقة المجتمع الأعظم للمعرفة الروحية. هذا نداء. وهو هدية. وهو تحدٍ.

لو كانت الظروفُ أفضل لما بدت الحاجةُ بهذه الشدة. لكن الحاجة هائلة، لأنه لا يوجدُ أمن، ولا يوجدُ مكان للاختباء، ولا يوجد ملاذٌ في العالم مؤَمن فيه من حضور الفضائيين هنا. وهذا هو السبب في أن الخيارات تقتصر على اثنين لا ثالث لهما: إما أن تذعن وإما أن تدافع عن حريتك.

هذا هو القرارُ العظيم الذي يتعيَّن على كل شخص اتخاذه. وهذه هي نقطةُ التحول العظمى. ليس بوسعكم أن تكونوا حمقى في المجتمع الأعظم. إنها بيئةٌ فائقة التطلبات، بيئةٌ تستلزم الامتياز والالتزام. إن عالمكم فائقُ القيمة. ومواردُه مطمعٌ للآخرين. ويُنظرُ إلى الموقع الاستراتيجي لعالمكم بإعتبار عالي. وحتى لو كنتم تعيشون في عالم ما بعيد جداً عن أي طريق من طرق المقايضة التجارية، بعيداً عن جميع التعاملات التجارية، فإن أحدَهم سيكتشفكم في نهاية المطاف. ونهايةُ المطاف هذه قد حلَّت لكم الآن. والأمر جارياً على قدم وساق.

فلتتشجعوا، إذن. فالآن هو وقتُ الشجاعة، وليس الازدواجية. وخطورةُ الموقف الذي تواجهونه إنما يؤكدُ أهمية حياتكم واستجابتكم وأهمية التحضير الذي يجري تقديمه في العالم اليوم. وهو تحضيرٌ لا يقتصرُ هدفه على تنويركم وتطوركم. بل يهدفُ كذلك إلى حمايتكم ونجاتكم

الإحاطة السادسة

أسئلة وأجوبة*

نشعر أنه من المهم، بالنظر إلى المعلومات التي قدَّمناها حتى الآن، الإستجابة على الأسئلة التي يجب أن تظهر بالتأكيد فيما يتعلق بحقيقتنا وأهمية الرسائل التي جئنا لتقديمها.

◆

"نظراً لعدم وجود أدلة دامغة، لماذا ينبغي أن يصدق الناس ما تقولونه لهم بشأن التدخل؟"

أولاً، يجب أن تكون هناك أدلةٌ عظيمة بما يخص الزيارات لعالمكم. لقد قيل لنا إن هذا هو واقع الأمر. إلا أن اللامرئيين أخبرونا أيضاً أن الناس لا يعرفون كيفية فهم الأدلة وأنهم يعطونها معنى خاصاً بهم — معنى يفضلون إعطاءه، معنى يوفر لهم الراحة والطمأنينة في أغلب الحالات. نحن على يقين من وجود أدلةٍ كافية للتحقق من أن التدخل يحدث اليوم في العالم إذا أخذَ المرء وقتٌ كافٍ للنظر والتحقيق في هذا الأمر. وعدمُ قيام حكوماتكم أو القادة الدينيين بكشف مثل هذه الأشياء لا يعني أن حدثاً بهذه الضخامة لا يحدثُ بينكم.

*ملاحظة: وردت هذه الأسئلة إلى مكتبة المعرفة الجديدة من العديد من القراء الأوائل لمواد الحلفاء.

♦

"كيف يمكن أن يعرف الناس أنكم حقيقيون؟"

فيما يتعلق بواقعنا، ليس بمقدورنا أن نظهر حضورنا المادي لكم، ومن ثم يجب عليكم تمييز معنى كلماتنا ومضمونها. في هذه المرحلة، ليس الأمر مسألة إيمان فحسب. ولكن الأمر يتطلب قدراً أعظم من التعرف، ويتطلب المعرفة الروحية، ويتطلب صدى يتردد في النفس. الكلمات التي نتكلم بها نؤمن أنها صحيحة، لكن ذلك لا يضمن إمكانية تلقيها بهذه الصفة. ولا نملك التحكم في الاستجابة لرسالتنا. يوجد أشخاص يحتاجون أدلةٌ أكثر مما يمكن تقديمه. وهناك آخرون، مثل هذه الأدلة ليست ضرورية لهم، لأنهم سيشعرون بتأكيد داخلي.

وفي الوقت نفسه، ربما نبقى مسألة جدلية، إلا أننا نأمل ونثق في أن كلماتنا يمكن أن تؤخذ على محمل الجد وأن الأدلة الموجودة بالفعل، وهي كافية، يمكن أن يجمعها ويفهمها من هم على استعداد لبذل الجهد والتركيز في الحياة في سبيل ذلك. من وجهة نظرنا، لا توجد مشكلة أو تحدٍ أو فرصة أعظم من هذه لتحظى باهتمامكم.

لذلك، أنتم في بداية فهم جديد. وهذا يتطلب إيماناً واعتماداً على الذات. كثيرون سيرفضون كلماتنا لأنهم لا يعتقدون أن وجودنا أمر ممكن.

ربما سيفكر آخرون أننا جزء من بعض أعمال التلاعب التي تبث للعالم. إننا لا نستطيع التحكم في هذه الاستجابات. كل ما يسعنا القيام به هو الكشف عن رسالتنا وحضورنا في حياتكم، مهما كان بُعد ذلك الحضور. حضورنا هنا ليس هو الأمر الأقصى أهمية، وإنما الرسالة التي أتينا لكشفها والمنظور الأعظم والفهم الذي يمكننا تقديمه لكم. يجب أن يبدأ تعليمكم من نقطة ما. كل التعليم يبدأ بالرغبة في المعرفة.

نأمل أن نتمكن من خلال خطاباتنا من كسب جزء من ثقتكم على الأقل من أجل البدء في الكشف عما نحن هنا لنعرضه.

♦

"ماذا تقولون لمن ينظرون إلى التدخل باعتباره أمراً إيجابياً؟"

أولاً وقبل كل شيء، نحن نفهم التوقع بأن أي قوة من السماء مرتبطة بفهمكم الروحي وموروثاتكم وإيمانياتكم العقائدية. فكرة أن هناك حياة إعتيادية في الكون هي فكرة تتحدى هذه الافتراضات العقائدية. من منظورنا وفي ضوء التجربة المستمدة من ثقافاتنا، نفهم هذه التوقعات. ففي الماضي البعيد، كانت لدينا تلك التوقعات نحن أنفسنا. إلا أنه كان علينا التخلي عنها في مواجهة حقائق حياة المجتمع الأعظم ومعنى الزيارة.

أنتم تعيشون في كون مادي عظيم. هو مفعم بالحياة. هذه الحياة تمثل تجليات لا حصر لها وتمثل أيضا تطور الذكاء والوعي الروحي على جميع المستويات. ما يعنيه هذا هو أن ما ستواجهونه في المجتمع الأعظم يشمل كل الاحتمالات تقريباً.

إلا أنكم معزولون ولا تسافرون في الفضاء بعد. وحتى لو كانت لديكم القدرة على الوصول إلى عالم آخر، فالكون شاسع، ولم يكتسب أحداً القدرة على الانتقال من أحد طرفي المجرة إلى الطرف الآخر بأي نوع من السرعة. لذلك، يبقى الكون المادي ضخماً يستعصي على الفهم. وليس هناك من ملك زمام قوانينه. ولا أحد أستطاع من غزو جميع مناطقه. لا يمكن لأحد أن يدعي الهيمنة الكاملة أو السيطرة الكاملة. الحياة بهذه الطريقة تدفعنا دفعا نحو التواضع. ويصدق ذلك حتى خارج حدودكم.

لذا ينبغي أن تتوقعوا أنكم ستقابلون ذكاءات تمثل قوى للخير، وقوى للجهل، وذكاءات أكثر حيادا تجاهكم. إلا أنه في حقائق السفر والاستكشاف في المجتمع الأعظم، ستواجه الأعراق الظاهرة كعرقكم، بدون استثناء تقريباً، مستكشفي الموارد، والجماعات، والساعين إلى الحصول على ميزة لأنفسهم بوصفهم أول المتواصلين مع حياة المجتمع الأعظم.

فيما يتعلق بالتفسير الإيجابي للزيارة، يكمن جزء من هذا التفسير في توقع البشر ورغبتهم الطبيعية في الترحيب بنتائج خيّرة والتماس المساعدة من المجتمع الأعظم في حل المشاكل التي عجزت البشرية عن حلها بنفسها. من الطبيعي توقع مثل هذه الأمور، ولا سيما عندما تعتبرون أن زواركم يملكون قدرات أعظم من قدراتكم. غير أن جزءاً كبيراً من المشكلة في تفسير الزيارة العظيمة يتعلق بإرادة الزوار أنفسهم وأجندتهم. فهم يشجعون الناس في كل مكان على النظر إلى حضورهم هنا على أنه مفيد بالكامل للبشرية ولاحتياجاتها.

♦

"إذا كان هذا التدخل يجري على قدم وساق، فلماذا لم تأتوا في وقت أبكر؟"

في وقت سابق، منذ سنوات عديدة، جاءت عدة مجموعات من حلفائكم إلى عالمكم لزيارته في محاولة لإعطاء رسالة أمل، لتحضير البشرية. إلا أنه من دواعي الحسرة أن رسائلها لم تُفهم وأسيء استخدامها من قبل القليلين الذين أمكن لهم استقبالها. في أعقاب قدومهم، تجمع الزوار من الجماعات واحتشدوا هنا. كان معروفاً لنا أن هذا سيحدث، لأن عالمكم أثمن من أن يُغفل، وهو، كما قلنا من قبل، لا يوجد في جزء ناء وبعيد من الكون. لطالما بقي عالمكم تحت أعين الساعين إلى استخدامه لفائدتهم.

♦

"لماذا لا يستطيع حلفاؤنا إيقاف التدخل؟"

نحن هنا فقط للمراقبة وإسداء المشورة. أما القرارات العظيمة التي تواجه البشرية فهي في أيديكم. لا أحد غيركم يستطيع اتخاذ هذه القرارات نيابة عنكم. حتى أصدقاؤكم العظماء البعيدون كثيرا عن عالمكم لن يتدخلوا. لأنهم إن فعلوا، سيتسببون في حرب، وسيصبح عالمكم ساحة قتال بين قوى متحاربة. وإذا ما انتصر أصدقاؤكم، ستصبحون معتمدين بالكامل عليهم، غير قادرين على القيام بشؤونكم أو الحفاظ على أمنكم في الكون. نحن لسنا على علم بأي عرق من الأعراق الخيرة يسعى إلى تحمل هذا العبء. وفي الحقيقة، لن يكون ذلك لصالحكم أيضاً.

لأنكم ستصبحون دولة عميلة لقوة أخرى وسيتعين أن تُحكموا من مكان بعيد. هذا ليس مفيداً لكم بأي حال من الأحوال، وهذا هو السبب الذي من أجله لا يحدث هذا. لكن الزوار سيظهرون لكم في مظهر مخلّصي البشرية ومنقذيها. سيستغلون سذاجتكم. سيستفيدون من توقعاتكم، وسيسعون إلى الاستفادة بالكامل من ثقتكم.

لذلك، فإن رغبتنا المخلصة هي أن تكون كلماتنا ترياقاً لحضورهم وتلاعبهم وإساءة معاملتكم. لأن حقوقكم يجري انتهاكها. وأرضكم يجري اختراقها. وحكوماتكم يجري إقناعها. وأيديولوجياتكم ودوافعكم الدينية يجري إعادة توجيهها.

لا بد أن يكون هناك صوتُ للحقيقة فيما يتعلق بذلك. ولا يسعنا إلا أن نثق في أنه يمكنكم تلقي صوت الحق هذا. ولا يسعنا إلا أن نأمل ألا يكون الإقناع قد تجاوز كل مدى.

♦

"ماهي الأهداف الواقعية التي يتعين علينا وضعها، وماهو الحد الأدنى فيما يتعلق بإنقاذ البشرية من فقدان حقها في تقرير مصيرها؟"

الخطوة الأولى هي الوعي. يجب أن يصبح الكثير من الناس واعين على أن الأرض تجري زيارتها وأن قوى أجنبية موجودة هنا تعمل سراً، وتسعى إلى إخفاء أجندتها ومساعيها عن فهم البشر. يجب أن يكون جلياً أن حضورهم هنا يمثل تحدياً عظيماً لحرية الإنسان وحقه في تقرير المصير. والأجندة التي يعملون على تنفيذها وبرنامج التهدئة الذي يرعونه يجب أن يُتصدى لهما بيقظة وحكمة بخصوص حضور تلك القوى. هذه المواجهة يجب أن تحدث. يوجد في العالم اليوم كثيرون قادرون على فهم هذا. لذلك، فإن الخطوة الأولى هي الوعي.

الخطوة التالية هي التعليم. من الضروري أن يتعلّم الكثير من الناس في مختلف الثقافات ومختلف الأمم عن الحياة في المجتمع الأعظم وأن يبدأوا في إدراك ما ستتعاملون معه وما تتعاملون معه حتى في هذه اللحظة.

لذلك، فإن الهدفين الواقعيين هما الوعي والتعليم. من شأن هذا في حد ذاته أن يفسد مخطط الزوار المخفي في العالم. إنهم يعملون الآن دون مقاومة تذكر. ولا يواجهون عقبات تذكر. إن على كل من يسعى إلى اعتبارهم "حلفاء البشرية" أن يتعلم أن الأمر ليس كذلك. ربما لن تكون كلماتنا كافية، لكنها البداية.

♦

"أين يمكننا العثور على هذا التعليم؟"

يمكن العثور على هذا التعليم في طريقة المجتمع الأعظم للمعرفة الروحية، التي يجري تقديمها في العالم في هذا الوقت. على الرغم من أنها تقدّم فهماً جديداً عن الحياة والروحانية في الكون، فإنها مرتبطة بجميع السبل الروحية الأصيلة الموجودة بالفعل داخل عالمكم — السبل الروحية التي تقدّر حريةَ الإنسان ومعنى الروحانية الحقة والتي تقدِّر التعاون، والسلام،

والوئام داخل الأسرة البشرية. لذلك، فالتعليم في طريقة المعرفة الروحية يستدعي كل الحقائق العظيمة الموجودة بالفعل في عالمكم ويعطيها سياقاً أعظم وساحةً أعظم للتعبير. بهذه الطريقة، فإن طريقة المجتمع الأعظم للمعرفة الروحية لا تحل محلَّ أديان العالم. إنما توفر سياقاً أوسع يمكن في إطاره أن يكون للأديان معنى بحق وصلةٌ وجيهة بالعصر الذي تعيشون فيه.

◆

"كيف ننقل رسالتكم للآخرين؟"

الحقيقةُ تعيش داخل كل إنسان في هذه اللحظة. إذا كنتَ تستطيع مخاطبة الحقيقة داخل الشخص، فستصبح أقوى وسيبدأ صداها في التردد. إن أملنا العظيم، وأمل اللامرئيين، القوى الروحية القائمة على شؤون عالمكم، وأمل من يقدرون حرية الإنسان ويرغبون في رؤية ظهوركم بنجاح في المجتمع الأعظم، يعتمد على هذه الحقيقة التي تعيش داخل كل إنسان. ليس بوسعنا فرض هذا الوعي عليكم. كلُّ ما يسعنا القيام به هو أن نكشف لكم عنه وأن نثق في عظمة المعرفة الروحية التي وهبها لكم الخالق والتي بمقدورها تمكينكم وتمكين الآخرين من الاستجابة.

◆

"أين تكمن مواطن قوة البشرية في معارضة التدخل؟"

أولاً، نفهم من مراقبتنا لعالمكم، ومما أخبرنا به اللامرئيون بخصوص أشياء لا نستطيع رؤيتها، أنه بالرغم من وجود مشاكل عظيمة في العالم، فإن لدى الإنسان قدراً من الحرية يكفي لتزويدكم بأساس لمعارضة التدخل. وهذا يتناقض مع الحال القائم في العديد من العوالم الأخرى، التي لم تؤسَّس فيها قط حرية الفرد ابتداءً. لما كانت هذه العوالم تواجه قوى فضائية في وسطها وواقع المجتمع الأعظم، فإنه لا توجد إمكانية تذكر لقيامها بتأسيس الحرية والاستقلال.

لذلك، فإن لديكم موطن شدة عظيمة هو أن حرية الإنسان معروفةٌ في عالمكم وموضعُ تقدير كثيرين، وإن لم يكن الجميع ربما. أنتم تعرفون أن لديكم ما تخسرونه. وأنتم تقدِّرون ما

لديكم بالفعل، أياً كان المدى الذي أسس عنده. أنتم لا تريدون أن تحكمكم قوى أجنبية. أنتم لا تريدون حتى أن تُحكموا بقسوة من قبل سلطات بشرية. لذلك، فهذه البداية.

ثانياً، نظراً لأن عالمكم لديه تقاليد روحية غنية دعمت المعرفة الروحية في الفرد وعززت التعاون والتفاهم بين البشر، فإن حقيقة المعرفة الروحية قد أُسست بالفعل. ونقول من جديد إنه في العوالم الأخرى التي لم تؤسَّس فيها المعرفة الروحية قط، تكون إمكانية النجاح في تأسيسها في منعطف الظهور في المجتمع الأعظم دون أمل يذكر. المعرفة الروحية قوية بما فيه الكفاية في نفوس عدد كافٍ من الناس هنا بحيث قد يقْدرون على معرفة واقع الحياة في المجتمع الأعظم وفهم ما يحدث في وسطهم في هذا الوقت. لهذا السبب يحدونا الأمل، لأننا نثق في حكمة الإنسان. نحن على ثقة من أن بإمكان الناس أن يسْموا فوق الأنانية، والانشغال بالنفس، وحماية الذات لينظروا إلى الحياة بطريقة أعظم ويشعروا بمسؤولية أعظم في خدمة نوعهم.

ربما كانت ثقتُنا هذه بغير أساس، لكننا على ثقة من أن اللامرئيين أسدوا إلينا مشورةً حكيمة فيما يتعلق بهذا الأمر. ونتيجة لذلك، عرَّضْنا أنفسنا للخطر بالاقتراب من عالمكم ومشاهدة الأحداث خارج حدودكم التي تؤثر بشكل مباشر على مستقبلكم ومصيركم.

البشرية لديها وعدٌ عظيم. فلديكم وعيٌ متنام بالمشاكل في العالم — انعدام التعاون بين الأمم، تدهور بيئتكم الطبيعية، تناقص مواردكم وما إلى ذلك. إذا كانت هذه المشاكل غير معروفة للناس في العالم، وإذا كانت هذه الحقائق قد أُخفيت عنهم، إلى حد ألا تكون لديهم أدنى فكرة عن وجود هذه الأشياء، عندئذ لا يكون لدينا ذلك القدر من الأمل. لكن تظل الحقيقة أن البشرية لديها الإمكانات والوعد لمواجهة أي تدخل في العالم.

♦

"هل سوف يتحول هذا التدخل إلى غزو عسكري؟"

إن عالمكم، كما قلنا، أثمن من أن يثير فكرة تحريضه على غزو عسكري. لا أحد ممن يزورون عالمكم يريد تدمير بنيته التحتية أو موارده الطبيعية. لهذا السبب، لا يسعى الزوار إلى تدمير البشرية، بل يسعون بدلاً من ذلك إلى انخراط البشرية في خدمة جماعاتهم.

ليس الغزو العسكري هو ما يهددكم. إنما قوة الإغراء والإقناع. سيُبنى هذا على ضعفكم، وعلى أنانيتكم، وعلى جهلكم بالحياة في المجتمع الأعظم، وعلى تفاؤلكم الأعمى بشأن مستقبلكم ومعنى الحياة خارج حدودكم.

للتصدي لهذا، نحن نوفر التعليم ونتكلم عن وسائل التحضير التي يجري إرسالها إلى العالم في هذا الوقت. إذا لم تكونوا تعرفون بالفعل حرية الإنسان، وإذا لم تكونوا بالفعل على دراية بالمشاكل المتوطنة في عالمكم، فلا يمكننا إذن أن نعهد إليكم بمثل هذا التحضير. ولن نثق في أن كلماتنا سيكون لها صدى يتردد مع حقيقة ما تعرفونه.

◆

"هل تستطيعون التأثير في الناس بنفس قوة تأثير الزوار لكن من أجل الخير؟"

نيتُنا ليست التأثير على الأفراد. نيتنا تنحصر في عرض المشكلة والواقع الذي أنتم بصدد الظهور فيه. اللامرئيين هم الذين يوفرون وسيلة التحضير الفعلية، لأن هذا يأتي من خالق كل الحياة. في هذا، يؤثر اللامرئيين على الأفراد من أجل الخير. لكن هناك قيود. كما قلنا سابقاً، إن حقكم في تقريركم لمصيركم هو الذي يجب أن يعزز. وقوتكم هي التي يجب أن تُنمّى. وتعاونكم بين الأسرة البشرية هو الذي يجب أن يُدعَّم.

هناك حدود لمقدار ما يمكن أن نقدمُه من مساعدة. إن مجموعتنا صغيرة. نحن لا نمشي بينكم. لذلك، فإن الفهم العظيم لواقعكم الجديد يجب أن يتناقل من شخص إلى آخر. لا يمكن أن يُفرض عليكم من قبل قوة أجنبية، حتى وإن كان ذلك لمصلحتكم. لن نكون في تلك الحالة ندعم حريتكم وحقكم في تقريركم مصيركم إذا قمنا برعاية برنامج إقناع كهذا. هنا لا يمكنكم أن تكونوا مثل الأطفال. يجب أن تصبحوا ناضجين ومسؤولين. إن حريتكم هي التي على المحك. إن عالمكم هو الذي على المحك. وتعاونكم مع بعضكم البعض هو المطلوب.

لديكم الآن سبباً عظيماً لتوحيد عرقكم، فما من أحد منكم سيستفيد من دون الآخر. ما من دولة ستستفيد إذا وقعت أي دولة أخرى تحت سيطرة الفضائيين. يجب أن تكون حرية الإنسان كاملة. ويجب أن يحدث التعاون في جميع أنحاء عالمكم. ذلك أن الكل في نفس الموقف الآن. الزوار لا يفضلون مجموعةً على أخرى، ولا عرقاً على آخر، ولا دولة على أخرى. إنما يسعون إلى الطريق الذي تكون فيه المقاومة أقل ما يكون حتى يتسنّى لهم تأسيس حضورهم وفرض هيمنتهم على عالمكم.

◆

"إلى أي مدى بلغ اختراقهم للبشرية؟"

لدى الزوار حضورٌ ملحوظ داخل أكثر الدول تقدماً في عالمكم، لا سيما دول أوروبا، وروسيا، واليابان، والولايات المتحدة. هذه الأمم يُنظر إليها باعتبارها أقوى الدول، وأنها الأعظم قوةً وتأثيراً. هذه هي الدول التي سيركّز عليها الزوار. مع ذلك، فهم يأخذون أشخاصاً من كل أنحاء العالم، ويعززون برنامج التهدئة الخاص بهم لدى كل من يخطفونه، إذا كان بإمكان هؤلاء الأشخاص الاستجابة لتأثيرهم. لذلك، فإن حضور الزوار قائم في جميع أنحاء العالم، لكن يقوم تركيزهم على من يأملون أن يصبحوا حلفاءهم. هذا يعني الدول والحكومات والزعماء الدينيين الذين يملكون أعظم قوة ونفوذ على فكر البشر وقناعاتهم.

◆

"كم لدينا من الوقت؟"

كم لديكم من الوقت؟ لديكم بعض الوقت، كمْ من الوقت، لا يمكننا الإجابة. لكننا نأتي برسالة عاجلة. هذه ليست مشكلة يمكن ببساطة تجنبها أو إنكارها. من منظورنا، هي أهمُّ تحدٍ تواجهه البشرية. هي مصدر للقلق البالغ، هي الأولوية الأولى. أنتم متأخرون في استعدادكم. وقد تسببت في ذلك عواملٌ عديدة خارجة عن إرادتنا. لكن هناك وقت، إذا كان بمقدوركم الاستجابة. النتيجة غير مؤكدة ولكن لا يزال هناك أملٌ في نجاحكم.

◆

"كيف يمكننا التركيز على هذا التدخل بالنظر إلى ضخامة المشاكل العالمية الأخرى التي تحدث الآن؟"

بادئ ذي بدء، نشعر أنه لا توجد مشاكل أخرى في العالم بنفس أهمية هذه المشكلة. من منظورنا، كل ما يمكنكم حله بنفسكم لن يكون له معنى يذكر إذا فقدتم حريتكم. ما الذي تأملون في كسبه؟ ما الذي تأملون في تحقيقه أو تأمينه إذا لم تكونوا أحراراً في المجتمع

الأعظم؟ كل إنجازاتكم ستقدَّم لحكَّامكم الجدد؛ وكل ثروتكم ستُمنح لهم. ورغم أن زواركم ليسوا قُساة، فإنهم ملتزمون تماماً بأجندتهم. قيمتكم عندهم تنحصر في مدى ما تفيدون به قضيتهم. ولهذا السبب لا نشعر أن هناك أي مشاكل أخرى تواجهها البشرية بنفس أهمية هذه المشكلة.

♦

"من الذي يرجح أن يستجيب لهذه الحالة؟"

بخصوص من يستطيع الاستجابة، فإن لدى كثيرين في العالم اليوم معرفةً متأصله بالمجتمع الأعظم وحساسيةً تجاهه. وهناك آخرون كثيرون قام الزوار بالفعل بأخذهم لكنهم لم يخضعوا لهم أو لمحاولات إقناعهم. هناك آخرون كثيرون منشغلون بمستقبل العالم وتنبّهوا إلى الأخطار التي تحدق بالبشرية. كلٌ من هم في هذه الفئات الثلاث جميعها أو أيٍ منها قد يكونون من أوائل المستجيبين لواقع المجتمع الأعظم وللتحضير الخاص بالمجتمع الأعظم. قد يأتي هؤلاء من أي منحى من مناحي الحياة، من أي أمَّة، من أي خلفية دينية أو من أي مجموعة اقتصادية. هؤلاء موجودون حرفياً في جميع أنحاء العالم. على هؤلاء وعلى استجاباتهم تعتمدُ القوى الروحية العظمى التي تحمي رفاهية الإنسان وتشرف عليه.

♦

"إنكم تقولون إن الأفراد يؤخذون في جميع أنحاء العالم. كيف يمكن للناس حماية أنفسهم أو الآخرين من التعرض للاختطاف؟"

كلما زادت إمكانية أن تصبحوا أقوياء مع المعرفة الروحية وواعين بحضور الزوار، قلَّت الرغبة في أن تكونوا موضوعاً لدراستهم وتلاعبهم. كلما زاد استخدامكم للقاءات معهم لكسب بصيره فيهم، زادت خطورتُكم في أعيُنهم. كما قُلنا، إنهم يسعون إلى الطريق الذي تكون فيه المقاومةُ أدنى ما يكون. إنهم يريدون أفرادا مطيعين وخاضعين. يريدون الأشخاص الذين لا يسببون لهم مشاكل وقلقاً يذكر.

لكن عندما تصبح قوياً مع المعرفة الروحية، ستكون خارج نطاق سيطرتهم لأنهم لا يستطيعون الآن الاستحواذ على عقلك أو قلبك. وبمرور الوقت، ستكون لديك قوةُ التصور

التي تتيح لك النظر داخل عقولهم، وهو ما لا يرغبونه. بعد ذلك تصبح خطراً عليهم، وتحدياً لهم، وسيتجنبونك إذا استطاعوا.

الزوارُ لا يريدون أن ينكشفوا. لا يرغبون في الدخول في نزاع. هم على ثقةٍ مفرطة بأن بإمكانهم تحقيق أهدافهم دون مقاومة جدية من الأسرة البشرية. لكن ما أن تتصاعد مثل هذه المقاومة، وما أن تستيقظ قوة المعرفة الروحية في الفرد، سيواجه الزوار عقبةً أضخم بكثير. يُحبط تدخلهم وتزداد صعوبة تحقيقه. كما يصبح من الأصعب عليهم إقناع من هم في مناصب السلطة. لذلك تكون استجابة الفرد والتزامه بالحقيقة أمرين لا غنى عنهما في هذا المقام.

فلتكونوا على وعي بحضور الزوار. لاتذعنوا للإقناع بفكرة أن حضورهم هنا ذو طبيعة روحية أو أنه يحمل فائدة عظيمة أو خلاصاً للبشرية. قاوموا الإقناع. استعيدوا سلطتكم الداخلية، الهدية العظيمة التي منحها لكم الخالق. كونوا قوة يحسب حسابها فيما يتعلق بأي شخص قد يتعدى على حقوقكم الأساسية أو ينكرها.

هذه هي القوة الروحية التي يتم التعبير عنها. إنها إرادة الخالق أن تظهر البشرية في المجتمع الأعظم وهي متحدة فيما بينها وحرة من التدخل والهيمنة الأجنبيين. إنها مشيئة الخالق أن تعدوا العدة لمستقبل لن يشبه ماضيكم في شيء. نحن هنا في خدمة الخالق، ولذا فإن حضورنا وكلماتنا تخدم هذا الهدف.

◆

"إذا واجه الزوار مقاومة من البشر أو من أفراد معينين، فهل سيأتون بأعداد أعظم أم سوف يغادرون؟"

أعدادُهم ليست عظيمة. إذا واجهوا مقاومةً ضخمة، سيضطرون إلى التراجع ووضع خطط جديدة. هم على ثقة تامة بأن مهمتهم يمكن أن تتم دون عقبات خطيرة. لكن إذا ظهرت عقبات خطيرة، فسيُحبط تدخلهم وتفشل جهودُهم في الإقناع، وسيتعين عليهم إيجاد طرق أخرى لإقامة اتصال مع البشرية.

نحن نثق بأن الأسرة البشرية يمكن أن تولد مقاومةً كافية واجماعاً كافياً لصد هذه التأثيرات. وهذا هو الأساس الذي نبني عليه أملنا وجهودنا.

◆

"ماهي أهم الأسئلة التي يجب أن نطرحها على أنفسنا وعلى الاخرين بخصوص مشكلة التسلل الفضائي؟"

لعل أكثر الأسئلة أهميةً التي يجب أن تطرحوها على أنفسكم هي، "هل نحن البشر وحدنا في الكون أو في عالمنا؟ هل تتم زيارتنا في هذا الوقت؟ هل هذه الزيارة مفيدة لنا؟ هل نحن بحاجة إلى الاستعداد؟"

هذه أسئلة جوهرية جداً، لكن يجب طرحها. مع ذلك، هناك أسئلة كثيرة لا يمكن الإجابة عليها، لأنكم لا تعرفون مايكفي عن الحياة في المجتمع الأعظم، ولستم واثقين بعد من أنكم تملكون القدرة على مواجهة هذه التأثيرات. هناك أشياء كثيرة يفتقر إليها التعليم البشري، الذي يركز بشكل أساسي على الماضي. البشرية آخذة في الظهور بعد حالة طويلة من العزلة النسبية. وقد أُسِّس تعليمُها، وقيمُها، ومؤسساتُها كلها في ظل حالة العُزلة هذه. إلا أن عزلتكم انتهت الآن، وإلى الأبد. كان معروفٌ دائماً أن هذا سيحدُث. وكان من الحتمي أن يحدث ذلك. بالتالي، فإن تعليمكم وقيمكم يدخلان في سياق جديد، يجب أن يتكيفا معه. وهذا التكيف يجب أن يحدث بسرعة بسبب طبيعة التدخل في العالم اليوم.

ستكون هناك أسئلة كثيرة لا يمكنكم الإجابة عليها. سيتعين أن تعيشوا معها. فتعليمكم بخصوص المجتمع الأعظم إنما هو في بدايته. يجب أن تتعاملوا معه بقدر عظيم من الاتزان والعناية. ويجب عليكم التصدي لنزعتكم لجعل ومحاولة جعل الوضع سارا ومطمئنا. يجب عليكم بناء نظرة موضوعية تجاه الحياة، ويجب أن يتجاوز نظركم مجال اهتماماتكم الشخصية حتى يتسنى لكم التموضع للاستجابة للقوى العظمى والأحداث الأعظم التي تشكِّل عالمكم ومستقبلكم.

◆

"ماذا لو لم يستجب عدد كافٍ من الناس؟"

نحن على ثقة من أن بمقدور عدد كاف من الناس الاستجابة وبدء تعليمهم العظيم حول الحياة في المجتمع الأعظم من أجل إعطاء الوعد والأمل للأسرة البشرية. وإذا تعذر

تحقيق ذلك، فسيتعين على من يقدِّرون حريتهم ولديهم هذا التعليم أن يتراجعوا. سيتعين عليهم إبقاء المعرفة الروحية حيّة في العالم مع وقوع العالم تحت السيطرة الكاملة. هذا بديل خطير جداً، ولكنه حدث في عوالم أخرى. رحلة العودة للحرية من مثل هذا الموقف صعبة للغاية. ونأمل ألا يكون هذا مصيركم، ولهذا السبب نحن هنا نعطيكم هذه المعلومات. كما قلنا، يوجد في العالم عدد كاف من الأشخاص يمكنهم الاستجابة لصد نوايا الزوار وإحباط تأثيرهم على الشؤون البشرية والقيم الإنسانية.

♦

"أنتم تتحدثون عن عوالم أخرى ظهرت في المجتمع الأعظم هل يمكنكم التحدث عن النجاحات والإخفاقات التي قد يكون لها تأثير على حالتنا؟"

كانت هناك نجاحات وإلا ما كنّا هنا. في حالتي، بصفتي المتحدث باسم مجموعتي، كان عالمنا قد اختُرق بشكل عظيم بالفعل قبل أن ندرك الموقف الماثل أمامنا. وما دفع بتعليمنا هو وصولُ مجموعة مثلنا، قدمت البصيرة والمعلومات حول حالنا. كان في عالمنا تجار فضائيين لمقايضة الموارد يتفاعلون مع حكومتنا. كان الموجودون في مقاليد السلطة آنذاك مقتنعين بأن المقايضة التجارية والمعاملات التجارية ستعود علينا بالنفع، لأننا كنا قد بدأنا نعاني من نضوب الموارد. رغم أن عرقنا كان متحداً، على عكس عرقكم، فقد بدأنا نعتمد كليا على التكنولوجيا والفرص الجديدة التي كان يجري تقديمها لنا. ولكن بحدوث هذا، كان هناك تحول في مركز السلطة. بدأنا نصبح عملاء. وبدأ الزوار يصبحون الموردين. ومع مضيّ الوقت، وُضعت علينا شروط وقيود، بشكل غير ملحوظ في البداية.

قام الزوار بالتأثير أيضا على تركيزنا الديني ومعتقداتنا الدينية، حيث أبدوا اهتماماً بقيمنا الروحية لكنهم أرادوا إعطاءنا فهماً جديداً، فهما يقوم على أساس الجماعة، على أساس التعاون بين العقول المتشابهة الفكر في وحدة مع بعضها البعض. وقد عُرض ذلك على عرقنا كتعبير عن الروحانية والإنجاز. لقد كان البعض مقتنعاً، ولكن بسبب حصولنا على مشورة جيدة من حلفائنا من خارج عالمنا، حلفاء مثلنا، بدأنا بتصعيد حركة مقاومة وتمكنّا بمرور الوقت من إجبار الزوار على مغادرة عالمنا.

منذ ذلك الحين، تعلمنا الكثير عن المجتمع الأعظم. المقايضة التجارية التي نتعهدها انتقائية جداً، وتقتصر على عدد قليل من الأمم الأخرى. لقد تمكنا من تجنب الجماعات،

وهذا حفظ حريتنا. مع ذلك، كان من الصعب علينا تحقيق النجاح، حيث تعين أن يلقى كثير منا حتفه في هذا الصراع. إن قصتنا هي قصة نجاح، لكنها ليست بدون ثمن. هناك آخرون في مجموعتنا واجهوا صعوبات مشابهة في تفاعلهم مع القوى المتدخلة في المجتمع الأعظم. مع ذلك ولأننا تعلمنا في نهاية المطاف السفر خارج حدودنا، تمكن لنا بناء تحالف مع بعضنا البعض. كما تمكن لنا معرفة ما تعنيه الروحانية في المجتمع الأعظم. قدموا لنا اللامرئيين، الذين يقومون على شؤون عالمنا أيضاً، المساعدة في هذا الصدد لتحقيق التحول العظيم من العزلة إلى وعي المجتمع الأعظم.

رغم ذلك، كانت هناك إخفاقات كثيرة نحن على وعي بها. فالثقافات التي لم تنشئ فيها الشعوب الأصلية الحرية الشخصية أو لم تذق ثمار التعاون، حتى وإن كانت تحرز تقدماً تكنولوجياً، كانت تفتقر إلى الأساس اللازم لترسيخ استقلالها في الكون. كانت قدرتها على مقاومة الجماعات محدودة جداً. ونتيجة لانسياقها لإقناع وعود بحصولها على المزيد من القوة، والمزيد من التكنولوجيا، والمزيد من الثروة، ونتيجة لانسياقها وراء ما يبدو أنه فوائد للمقايضة التجارية في المجتمع الأعظم، انتقل مركز القوة لديهم بعيدا عن عالمهم. في نهاية الأمر، أصبحوا معتمدين كلياً على من يوفرون لهم الإمدادات ومن يسيطرون على مواردهم وبناهم التحتية.

بالتأكيد تستطيعون تخيل كيف يمكن أن يكون هذا الحال. حتى داخل عالمكم وفقا لتاريخكم، رأيتم دولاً أصغر تسقط تحت هيمنة الدول الأعظم. يمكنكم رؤية هذا حتى اليوم. لذلك، فإن هذه الأفكار ليس غريبة عليكم تماماً. في المجتمع الأعظم، كما في عالمكم، يهيمن القوي على الضعيف، إذا استطاع إلى ذلك سبيلا. هذه حقيقة من حقائق الحياة في كل مكان. ولهذا السبب نشجع على أن يكون لديكم وعي وتحضير، لكي تصبحوا أقوياء وينمو حقكم في تقرير مصيركم.

قد يكون من دواعي الإحباط الشديد لدى كثيرين أن يفهموا ويعلموا أن الحرية نادرة في الكون. فالأمم، حين تزيد قوتها وتكنولوجياتها، تتطلب قدرا أعظم بكثير من وحدة الشكل والإذعان بين شعوبها. مع جسرها من المجتمع الأعظم وبدء انخراطها في شؤون المجتمع الأعظم، يتضاءل التسامح إزاء التعبير الفردي إلى الحد الذي تصير فيه الأمم الكبيرة التي تملك الثروة والقوة محكومة بصرامة وبتوجه شديد المتطلبات ستجدونه بغيضاً.

هنا يجب أن تعلموا أن التقدم التكنولوجي والتطور الروحي أمران مختلفان، وهذا درس لم تتعلمه البشرية بعد ولكن يجب عليكم تعلمه حتى يتسنى لكم ممارسة حكمتكم الطبيعية في هذه المسائل.

إن لعالمكم قيمة عظيمة. فهو ثري بيولوجياً. إنكم تجلسون على جائزة يجب عليكم حمايتها حتى تصبحوا مشرفين عليها ومستفيدين منها. انظروا إلى شعوب عالمكم التي فقدت حريتها لأنها كانت تعيش في مكان يعتبره الآخرون قيماً. لقد بات الخطر يحدق الآن بالأسرة البشرية كلها.

◆

"نظراً لأن الزوار يتمتعون بمهارة كبيرة في تسليط الأفكار والتأثير على البيئة العقلية للناس، فكيف نضمن لأنفسنا أن مانراه حقيقي؟"

الأساس الوحيد للإدراك الحكيم هو تنمية المعرفة الروحية. إذا كنت لا تؤمن إلا بما ترى، فلن تؤمن إلا بما يُعرض عليك. هذا المنظور، كما قيل لنا، هو منظور الكثيرين. مع ذلك فقد تعلمنا أن الحكماء أينما كانوا يجب أن يكتسبوا رؤية أعظم وتمييزا أعظم. صحيح أن زواركم يستطيعون عرض صور لقديسيكم ورموزكم الدينية. ورغم أن هذا الأمر لا يمارس في كثير من الأحيان، فإنه يمكن أن يستخدم بالتأكيد لاستحضار الالتزام والإخلاص لدى من يؤمنون بالفعل إيمانا راسخا بهذه المعتقدات. هنا تكون روحانياتكم نقطة ضعف حيث يجب استخدام الحكمة.

مع ذلك فقد وهبكم الخالق المعرفة الروحية لتكون أساسا للتمييز الحقيقي. تستطيع أن تعرف ما تراه إذا سألت نفسك إذا كان ذلك حقيقياً. لكن لكي تفعل ذلك، لا بد أن يكون لديك هذا الأساس، ولهذا السبب فإن التعليم في طريقة المعرفة الروحية أمر لا غنى عنه لتعلم روحانية المجتمع الأعظم. بدون هذا، سيصدِّق الناس ما يريدون تصديقه، وسيتكلون على ما يَرون وما يُرون. وستكون إمكاناتُهم للحرية قد فُقدت بالفعل، لأنه لم يُسمح لها بأن تزدهر في المقام الأول.

♦

"أنتم تتكلمون عن إبقاء المعرفة الروحية حية. كم يلزم من الأشخاص لإبقاء المعرفة الروحية حية في العالم؟"

لا نستطيع أن نذكر لكم رقما، لكن يجب ان تكون حية بشكل قوي بما يكفي لاحداث صوت بما يكفي لتوليد صوت داخل ثقافاتكم. إذا لم يتمكن من تلقي هذه الرسالة إلا قليلون، فلن يكون لديهم هذا الصوت أو هذه الشدّة. وهنا يكون واجباً عليهم تناقل حكمتهم. لا يمكن أن يكون ذلك من أجل تنوريهم الشخصي البحت. إذ يجب أن يتعلم عن هذه الرسالة عددٌ أكبر بكثير، عدد أكبر بكثير ممن يمكنهم تلقيها اليوم.

♦

"هل يوجد خطر في تقديم هذه الرسالة؟"

تقديم الحقيقة ينطوي دائماً على خطر، ليس في عالمكم فحسب، وإنما في كل مكان آخر. فالناس يستفيدون من الظروف القائمة بوضعها الحالي. وسيعرض الزوار ميزةً على من هم في مواقع القوة الذين يمكنهم استقبالهم وليسوا أشداء في المعرفة الروحية. ومع الوقت يصبح الناس معتادين على هذه المزايا ويبنون حياتهم عليها. هذا يدفعهم إلى مقاومة الحقيقة أو حتى معاداة عرضها، لأن الحقيقة تدعوهم إلى تحمل مسؤوليتهم في خدمة الآخرين وقد تشكل خطرا يهدد أساس ثرواتهم وإنجازاتهم.

ولهذا السبب نحن متخفون ولا نمشي في عالمكم. من المؤكد أن الزوار سيقومون بتدميرنا إذا أمكن لهم العثور علينا. إلا أن البشرية قد تسعى إلى تدميرنا أيضاً بسبب ما نمثله، بسبب التحدي والواقع الجديد الذي نعرضه. ليس كل شخص على استعداد لتلقي الحقيقة برغم أن هناك حاجة ماسة إليها.

♦

"هل يمكن للأفراد الأقوياء بالمعرفة الروحية التأثير على الزوار؟"

فرصة النجاح هنا محدودة جداً. فأنتم تتعاملون مع جماعة من الكائنات ربيت على الإذعان، جماعة تسببت العقلية الجمعية بكل حياتها وتجربتها وشملتها وولدتها. إنهم لا يفكرون لأنفسهم. لهذا السبب، لا نشعر أنه بإمكانكم التأثير عليهم. لا يوجد بين البشر من يملك القوة للقيام بذلك إلا قليلون، وحتى هنا سيكون احتمال النجاح محدودا جداً. لذا يجب أن تكون الإجابة "لا". لكل الأهداف العملية، لا يمكنكم إقناعهم ليكونوا في جانبكم.

♦

"كيف تختلف الجماعات عن بشرية متحدة؟"

تتكون الجماعات من أعراق مختلفة ومن الذين تم استيلادهم بالتهجين لخدمة تلك الأعراق. كثير من الكائنات الذين تصادفونهم في العالم اليوم تم استيلادها من قبل الجماعات ليكونوا لها خدما. ولقد ضاع الإرث الذي يربطها جينياً. ويتم استيلادها للخدمة، مثلما أنتم تستولدون الحيوانات لخدمتكم. إن التعاون البشري الذي نشجعه هو التعاون الذي يحفظ للأفراد حقهم في تقرير المصير ويضعهم في موقع شدة يمكن للبشرية من خلاله أن تتفاعل لا مع الجماعات فحسب ولكن مع الآخرين الذين سيزورون شواطئكم في المستقبل.

الجماعة تقوم على عقيدة واحدة، ومجموعة مبادئ واحدة، وسلطة واحدة. تشددها يكون على الولاء الكامل لفكرة ما أو مُثل ما أعلى. لا يقتصر الأمر بالزوار على أن هذا الولاء مغروس غرساً في تعليمهم، بل هو في شفرتهم الجينية أيضاً. هذا هو سبب تصرفهم بالطرق التي يتصرفون بها. هنا يكمن موطن قوتهم بقدر ما يكمن موطن ضعفهم. ذلك أن لديهم قوة عظيمة في البيئة العقلية لأن عقولهم متحدة. إلا أنهم ضعفاء لأنهم لا يستطيعون التفكير بأنفسهم. ليس بمقدورهم التعامل بنجاح كبير مع التعقيدات أو الشدائد. وإذا كان المرء، رجلا كان أو امرأة، من أصحاب المعرفة الروحية فسيكون فهمُه صعباً عليهم.

يجب على البشرية أن تتحد للحفاظ على حريتها، لكن هذه مؤسسة مختلفة تماماً عن خلق جماعة. نطلق عليهم لفظة "جماعات" لأنها جماعات من أعراق وجنسيات مختلفة.

الجماعات ليست عرقاً واحداً. وعلى الرغم من وجود الكثير من الأعراق في المجتمع الأعظم التي تحكمها سلطة مهيمنة، فإن الجماعة هي هيئة تمتد إلى ما وراء ولاء عرق واحد لعالمه الخاص.

الجماعات يمكن أن تملك قوة عظيمة. لكن نظرا لوجود العديد من الجماعات، فإنها تميل إلى التنافس مع بعضها البعض، وهو ما يحول دون هيمنة واحدة على أخرى. كذلك، توجد لدى مختلف الأمم في المجتمع الأعظم نزاعات طويلة الأمد مع بعضها البعض، وهي نزاعات يصعب تضييق هوتها. ربما تنافست هذه الجماعات لفترة طويلة على نفس الموارد. ربما تنافست فيما بينها على بيع ما لديها من موارد. رغم ذلك فإن الجماعة مسألة مختلفة. كما نقول هنا، هي لا تقوم على عرق واحد وعالم واحد. هي نتيجة الغزو والسيطرة. وهذا هو السبب في أن زواركم يتألفون من أعراق مختلفة من الكائنات على مستويات مختلفة من السلطة والقيادة.

◆

"في العوالم الأخرى التي توحدت بنجاح، هل حافظوا على حريتهم الفردية في الفكر؟"

نعم، ولكن بدرجات متفاوتة. البعض بدرجة عالية جداً، والبعض الآخر بدرجة أقل، بحسب تاريخهم، وبنيتهم النفسية، والاحتياجات التي يمليها بقاؤهم على قيد الحياة. كانت حياتكم في العالم أسهل نسبيا من الحياة في العوالم التي تطورت فيها أعراق أخرى. معظم الأماكن التي توجد فيها كائنات ذكية قد استُعمرت، لأنه لا يوجد العديد من الكواكب الأرضية مثل كوكبكم التي تحتوي على مثل هذه الثروة من الموارد البيولوجية. كانت حريتهم تعتمد، إلى حد كبير، على ثروة بيئاتهم. إلا أنهم نجحوا جميعا في طرد المتسللين الفضائيين وأنشأوا خطوطا خاصة بهم للتجارة والمقايضة التجارية والاتصالات استنادا إلى حقهم في تقرير المصير. هذا إنجاز نادر يجب كسبه وحمايته.

◆

"ما الذي سيتطلبه الأمر لتحقيق الوحدة الإنسانية؟"

إن البشرية معرضة للخطر بشكل كبير في المجتمع الأعظم. هذا الضعف يمكن أن يؤدي في الوقت المناسب إلى تعزيز تعاون أساسي بين الأسرة البشرية، إذ يجب أن تتكاتفوا وتتحدوا من أجل البقاء والتطور. هذا جزء من امتلاك وعي المجتمع الأعظم. إذا كان هذا مبنياً على مبادئ المساهمة البشرية، والحرية والتعبير الذاتي، فيمكن أن يصبح اكتفاؤكم-الذاتي على درجة كبيرة جدا من الشدة والثراء. إلا أن رقعة التعاون في العالم يجب أن تتسع. فالناس لا يمكنهم العيش لأنفسهم بمفردهم أو وضع أهدافهم الشخصية قبل احتياجات كل من سواهم أو بعيدا عنها. قد يرى البعض في ذلك فقدانا للحرية. أما نحن فنراه ضماناً للحرية في المستقبل. فبالنظر إلى السلوكيات السائدة حالياً في العالم اليوم، ستكون هناك صعوبةٌ بالغة في تأمين حريتكم في المستقبل أو المحافظة عليها. احذروا. إن الذين هم مدفوعون بأنانيتهم هم المرشحون المثاليون للتأثير والتلاعب من قبل الفضائيين. إذا كانوا في مناصب السلطة، فسيسلمون ثروات أمتهم، وحرية أمتهم، وموارد أمتهم من أجل كسب مزايا لأنفسهم.

لذلك، هناك حاجة إلى مزيد من التعاون. هذا أمر يمكنكم بالتأكيد رؤيته. بالتأكيد هذا الأمر واضح حتى داخل عالمكم. إلا أنه يختلف كثيراً عن حياة الجماعة، حيث تم إخضاع الأعراق للهيمنة والسيطرة، وحيث يؤتى بالمطوعون لضمهم إلى الجماعات، وحيث يتم تغريب غير المطوعين أو تدميرهم. إن مؤسسة كهذه، برغم ما قد يكون لها من تأثير ضخم، لا يمكن أن تكون مفيدة لأعضائها. مع ذلك، هذا هو المسار الذي سلكه كثيرون في المجتمع الأعظم. نحن لا نتمنى أن نرى البشرية وقد وقعت في شراك هيئة كذلك. فذلك سيكون مأساة عظيمة وخسارة.

◆

"كيف يختلف المنظور البشري عن منظوركم؟"

أحد الاختلافات هو أننا قمنا بتطوير منظور المجتمع الأعظم، أي طريقة للنظر إلى العالم تقل فيها الأنانية. إنها وجهة نظر توفر وضوحاً عظيماً ويمكن أن توفر درجة أعظم

من اليقين إزاء المشاكل الصغيرة نسبياً التي تواجهونها في شؤونكم اليومية. وإذا كان بمقدوركم حل مشكلة عظيمة، يكون بمقدوركم حل مشاكل أصغر. لديكم مشكلة عظيمة. مشكلة يواجهها كل إنسان. مشكلة يمكن أن توحدكم وتمكنّكم من التغلب على خلافاتكم وصراعاتكم الطويلة الأمد. إلى هذا الحد هي عظيمة وقوية. لذلك نقول إن الظروف التي تهدد رفاهيتكم ومستقبلكم هي ذاتها الظروف التي تتيح لكم إمكانية الخلاص.

إننا نعلم أن قوة المعرفة الروحية داخل الفرد يمكن أن تستعيد ذلك الفرد وكل علاقاته بدرجة أعلى من الإنجاز والتعرف والقدرة. هذا أمر عليك أن تكتشفه بنفسك.

حياتنا تختلف كثيرا عن حياتكم. وأحد الاختلافات هو أن حياتنا مكرسة للخدمة، وهي خدمة اخترناها. نحن نمتلك حرية الاختيار ولذا فإن اختيارنا حقيقي وهادف ويستند إلى فهمنا. تضم مجموعتنا ممثلين من عدة عوالم مختلفة. لقد اجتمعنا معا خدمةً للإنسانية. نحن نمثل تحالفاً أعظم ذا طبيعة روحية أكثر.

♦

"هذه الرسالة تأتي من خلال رجل واحد. لماذا لا تتصلون بالجميع إذا كان للأمر هذا القدر من الأهمية؟"

إنها مسألة كفاءة لا أكثر. نحن لا نتحكم في مسألة من يتم اختياره لاستقبالنا. هذه المسألة متروكة للامرئيين، الذين يمكن أن تطلقوا عليهم بحق "الملائكة". نحن نفكر فيهم بهذه الطريقة. هم اختاروا هذا الشخص، وهو شخص بلا منصب في العالم، شخص غير معروف في العالم، شخص تم اختياره بسبب خصاله وبسبب إرثه في المجتمع الأعظم. نحن مسرورون لأن لدينا شخصاً واحداً يمكن أن نتكلم من خلاله. ولو تكلمنا من خلال كثيرين فلربما اختلفوا فيما بينهم وأصبحت الرسالة مشوشة وذهبت سدى.

نحن نفهم، من خلال طلبنا للعلم، أن عملية انتقال الحكمة الروحية تتم بشكل عام من خلال شخص واحد، بدعم من آخرين. هذا الشخص يجب أن يتحمل ثقل وقوع الاختيار عليه على هذا النحو وما ينطوي عليه ذلك من أعباء ومخاطر. نحن نحترمه لقيامه بذلك، ونفهم كم هو ثقيل ذلك العبء. وهذا الأمر سيساء تأويله، ربما، ولهذا السبب يجب على الحكماء أن يبقوا متخفين. يجب أن نبقى متخفين. ويجب أن يبقى هو متخفياً. بهذه الطريقة، يمكن أن تُعطى الرسالة، ويمكن أن يُحفظ الرسول. ذلك أنه سيكون هناك عداوة تجاه هذه

الرسالة. وسيقوم الزوار بمعارضتها، وهم يعارضونها بالفعل. وستكون معارضتُهم ملحوظة لكنها ستكون موجهة في المقام الأول إلى الرسول نفسه. ولهذا السبب يجب حماية الرسول.

نحن نعلم أن الإجابات على هذه الأسئلة ستولّد مزيداً من الأسئلة. والكثير منها لا يمكنُ الإجابة عليها، ربما حتى لوقت طويل. وعلى الحكماء أينما وجدوا أن يعيشوا مع أسئلة لا يستطيعون الإجابة عليها بعد. وإن صبرهم ومثابرتهم هما السبيل الوحيد لظهور إجابات حقيقية وهما السبيل الوحيد الذين سيتمكنون من خلاله من تجربتها وتجسيدها.

الكلمة النهائية

تقفُ البشرية على أعتاب بدايةٍ جديدة. وهي تواجهُ حالةً خطيرة. وما من شيء أهمُّ من الحاجة إلى تعليمٍ وفهمٍ جديدين. ونحنُ هنا للعمل على تلبية هذه الحاجة بناءً على طلب اللامرئيين. إنهم يعتمدون علينا في نقل حكمتنا إليكم، لأننا نعيشُ في الكون المادي، مثلما أنتم تعيشون. نحن لسنا كائنات ملائكية. ولسْنا معصومين. ولم نبلغ الدرجات العلى من الوعي الروحي والإنجازات الروحية. ولذا فإننا على ثقة من أن رسالتَنا لكم بشأن المجتمع الأعظم ستكون أوجهَ صلةً وأسهل في التلقي. إن ما يعرفه اللامرئيون عن الحياة في الكون وعن مستويات التقدم والإنجاز المتاحة والتي تمارَس في العديد من الأماكن يزيدُ بكثير على ما نعرفه. إلا أنّهم طلبوا إلينا أن نتحدثَ فيما يتعلق بواقع الحياة المادية لأننا منخرطون فيها بالكامل. وقد تعلّمنا من خلال التجريب والخطأ أهميةَ ومعنى ما نخبرُكم به.

وهكذا، نأتي بصفتنا حلفاء للبشرية، لأننا كذلك. فلتكونوا ممتنين لأن لديكم حلفاءً يمكنُهم مساعدتكم ويمكنهم تثقيفكم ويمكنهم دعم شدتكم وحريتكم وإنجازاتكم. فمن دون هذه المساعدة، ستكون احتمالاتُ نجاتكم من هذا النوع من التسلل الآتي من الكائنات الفضائية الذي تشهدونه حاليا محدودةً للغاية. نعم، سيتسنى لأعداد قليلة من الأشخاص الوقوف على الوضع على حقيقته، إلا أن أعدادهم لن تكون كبيرة بما فيه الكفاية، ولن تجد أصواتُهم آذانا صاغية.

وفي هذا السياق، لا يسعنا إلا أن نطلب ثقتكم. ونأمل أن نتمكنَ، من خلال حكمة كلماتنا ومن خلال الفرص المتاحة لكم لتعلم معناها وأهميتها، من كسب هذه الثقة بمرور الوقت، لأن لديكم حلفاء في المجتمع الأعظم. لديكم أصدقاء مقربون خارج هذا العالم عانوا من التحديات التي تواجهونها

الآن وحققوا النجاح. ولأننا تلقَّينا المساعدة، علينا الآن مساعدة الآخرين. هذا هو عهدُنا المقدس. وبهذا العهد نحن ملتزمون التزاماً راسخاً.

الحل

حل مسألة التدخل، في جوهره، لا يتعلق بالتكنولوجيا ولا بالسياسة ولا بالقوة العسكرية.

بل يتعلّقُ بتجديد الروح البشرية.
يتعلّقُ بأن يصبحَ الناسُ على وعي بالتدخل ويجهرون باعتراضهم عليه.
يتعلّقُ بإنهاء العُزلة والسخرية التي تمنعُ الناس من التعبير عمّا يرونه ويعرفونه.
يتعلّقُ بالتغلُّب على الخوف والإعراض والخيال والخداع.
يتعلّقُ بأن يصبح الناس أقوياء وواعين وممكّنين.

حلفاءُ البشرية يقدِّمون مشورة بالغة الأهمية التي تمكّننا من التعرف على التدخل ودرء تأثيراته. وللقيام بذلك، يحثُّنا الحلفاء على ممارسة ذكائنا الأصلي وحقنا في تقرير مصيرنا كعرق حر في المجتمع الأعظم.

حان وقتُ الهدء.

هناك أمل جديد في العالم

جذوةُ الأمل في العالم يُشعلُها من جديد من يصبحون أقوياء بالمعرفة الروحية. الأملُ يمكن أن يختفي وأن يشتعل من جديد. وقد يبدو أنه يأتي ويذهب، بحسب الكيفية التي يتأرجحُ بها الناس وبحسب ما يختارونه لأنفسهم. الأملُ يبقى معك. فلأن اللامرئيين هنا لا يعني أن هناك أملاً، ذلك أنه بدونك لا يكونُ هناك أملٌ. فأنت وآخرون مثلك تجلبون إلى العالم أملاً جديداً، لأنكم تتعلمون كيف تتلقون هدية المعرفة الروحية. إن ذلك يجلبُ إلى العالم أملاً جديداً. ربما لا يسعُك أن ترى هذا بالكامل في هذه اللحظة. ولربما بدا خارج نطاق فهمك. ولكن من منظورٍ أوسع، هذا الأمر حقيقي للغاية وبالغ الأهمية.

إن ظهور العالم في المجتمع الأعظم يتحدث عن هذا، فلو لم يكن هناك أشخاص يعدون العُدَّة لدخول المجتمع الأعظم، فسيبدو عندئذ أن الأمل سيختفي. وسيبدو عندئذ أن المصير الذي ستؤول إليه البشرية قد عُرف على وجه اليقين. ولكن لأن هناك أملاً في العالم، ولأن هناك أملاً فيك وفي آخرين مثلك ممن يستجيبون لنداء أعظم، تلوح أمام مصير البشرية آفاق أفضل فيما يتعلق بمصيرها، ومن الممكن جدا أن تؤمِّن حرية الإنسانية.

◆

من كتاب **الخطوات إلى المعرفة الروحية — التدريب المستمر**

المقاومة

و

التمكين

◆

المقاومة والتمكين

أخلاقيات الاتصال

في كل منعطف، يشجِّعُنا الحلفاء على القيام بدورٍ نشط في تمييز ومعارضة التدخل من خارج الأرض الحادث في عالمنا اليوم. وهذا يشملُ تمييزَ حقوقنا وأولوياتنا بوصفنا السكان الأصليين لهذا العالم ووضعَ قواعد الاشتباك الخاصة بنا فيما يتعلق بجميع الاتصالات الحالية والمستقبلية مع الأعراق الأخرى من الكائنات.

وعندما ننظرُ حاضرا إلى العالم الطبيعي وننظرُ إلى ماضيه عبر التاريخ البشري تتبيَّن لنا بجلاء الدروسُ المتعلقة بالتدخل، وهي أن التنافسَ على الموارد جزءٌ لا يتجزأ من الطبيعة، وأن تدخُّلَ ثقافة ما في أخرى يتم دائماً من أجل المصلحة الذاتية ويكون له تأثيرٌ مدمر على ثقافة وحرية الشعب الذي يجري اكتشافه، وأن القويَ يهيمنُ دائماً على الضعيف، إذا استطاع إلى ذلك سبيلا.

ومع أنه من المقبول عقلاً أن تكون الأعراق اللاأرضية التي تزورُ عالمَنا استثناءً لهذه القاعدة، فإن مثل هذا الاستثناء يجب أن يُثبَت بما لا يدعُ مجالاً للشك، من خلال منح البشرية الحق في تقييم أي اقتراح للزيارة. هذا الأمر لم يحدث بالتأكيد. بل إنَّ ما حدث، وفقاً لتجربة البشرية فيما يخصُّ الاتصال حتى الآن، هو أنه قد تم الالتفاف حول سلطتنا وحقوق الملكية الخاصة بنا نحن سكان هذا العالم الأصليين. لقد عمل "الزوار" على تحقيق أجندتهم الخاصة، دون اكتراث بموافقة الإنسانية أو مشاركتها المعلومة.

وكما تشير بوضوح إحاطاتُ الحلفاء وبحوث كثيرة بشأن الأجسام الطائرة المجهولة الهوية/الكائنات اللاأرضية، فإن الاتصال الأخلاقي لا يحدث. ولئن كان من المناسب أن يقوم عرقٌ أجنبيٌ ما بإطلاعنا على خبرته وحكمته من بعيد، كما فعل الحلفاء، فإنه من غير المناسب

أن تأتي أعراقٌ إلى هنا دون دعوة وتحاولَ التدخلَ في الشؤون الإنسانية، حتى تحت ستار مساعدتنا. وبالنظر إلى المستوى الذي بلغته البشريةُ في تطورها في هذا الوقت بوصفها أحد الأعراق الشابة، يكون قيامها بذلك أمراً منافياً للأخلاق.

إن الإنسانية لم تتح لها فرصة وضع قواعد الاشتباك الخاصة بها أو وضع الحدود التي يجب على كل عرق أصلي أن يضعها حفاظاً على سلامته وأمنه. فمن شأن القيام بذلك أن يعزز الوحدة والتعاون بين البشر لأنه سيتعين علينا التآزر لتحقيق ذلك. وهذا العمل سيتطلب الوعي بأننا شعبٌ واحدٌ يتقاسمُ عالماً واحداً، وأننا لسنا وحدنا في الكون، وأن حدودَنا مع الفضاء يجب أن توضع وتوفَّر لها الحماية. ومن دواعي الأسى أنه يجري حالياً الالتفاف حول هذه العملية التنموية الضرورية.

إن الهدف الذي أرسِلت من أجله إحاطاتُ الحلفاء إنما هو تشجيعُ البشرية على الاستعداد لوقائع الحياة في المجتمع الأعظم. في الواقع إن رسالة الحلفاء إلى البشرية هي بيان لما يكون عليه الاتصال الأخلاقي حقاً. فهم يعتمدون نهج "الأيدي المرفوعة" الذي يمتنعون بموجبه عن التدخل، ويحترمون قدراتنا وسلطتنا الأصلية بينما يشجعون الحرية والوحدة التي ستحتاج إليها الأسرة البشرية لخوض غمار مستقبلنا في المجتمع الأعظم. وفي حين يتشكك كثيرون اليوم في أن لدى البشرية من القوة والنزاهة ما يهيئ لها تلبية احتياجاتها والتصدي لتحدياتها في المستقبل، يطمئنُنا الحلفاء بأن هذه القوة، القوة الروحية للمعرفة الروحية، موجودة بداخل كل منا وأنه يجب أن نستخدمها بالأصالة عن نفسنا.

لقد قُدِّم التحضير لظهور البشرية في المجتمع الأعظم. ويمكن للقارئ أينما كان الاطلاع على مجموعات إحاطات حلفاء البشرية وكتب طريقة المعرفة الروحية في المجتمع الأعظم. ويمكن الاطلاع عليهما في الموقعين الإلكترونين

www.alliesofhumanity.org/ar

www.newmessage.org/ar

وتوفر المجموعتان معاً الوسائل اللازمة لإحباط التدخل ولتمكيننا من مواجهة مستقبلنا في عالم متغير على أعتاب الفضاء. هذا هو الإعداد الوحيد من هذا القبيل في العالم اليوم. وهو الإعداد ذاته الذي دعا إليه الحلفاء بشكل عاجل جداً.

واستجابة لإحاطات الحلفاء، قامت مجموعة من القراء المتفانين بصياغة وثيقة بعنوان إعلان سيادة الإنسان. وعلى غرار إعلان استقلال الولايات المتحدة، يهدف إعلان سيادة

الإنسان إلى تحديد أخلاقيات الاتصال وقواعد الاشتباك التي أصبحنا، نحن سكان العالم الأصليين، بحاجة ماسة إليها من أجل الحفاظ على حرية الإنسان وسيادته. وبصفتنا سكان العالم الأصليين، لدينا الحقُ في تحديد متى وكيف تحدث الزيارات ومن يجوز له دخول عالمنا وعلينا تقع مسؤولية ذلك. يجب أن نُعلِمَ جميع الأمم والجماعات في الكون التي تعلم بوجودنا أننا نملك حق تقرير مصيرنا ونعتزم ممارسة حقوقنا ومسؤولياتنا بصفتنا عرقاً ناشئاً من الناس الأحرار في المجتمع الأعظم. إعلانُ سيادة الإنسان هو بداية ويمكن الاطلاع عليه عبر الإنترنت في الموقع الإلكتروني

www.humansovereignty.org/ar

المقاومة والتمكين

اتخاذ إجراءات – ما الذي يمكنك أن تفعله

يطلب الحلفاء منا أن نتخذ موقفاً من أجل رفاه عالمنا وأن نصبح، بالأساس، حلفاء للبشرية، نحن أنفسنا. وحتى يكون هذا الالتزامُ حقيقياً، فلا بد أن يكون نابعاً من ضميرنا، أعمق جزء من أنفسنا. وهناك العديد من الأمور التي يمكنُك القيام بها لكي تحبط التدخل وتصبح قوةً إيجابية من خلال شدِّ عَضُدك وعَضُد الآخرين من حولك.

وقد أعرب بعضُ القراء عن شعورهم باليأس بعد قراءة مواد الحلفاء. فإذا كانت هذه هي تجربتك، فمن المهم أن تتذكر أن القصد من التدخل هو التأثير عليك لكي تشعر إما بالقبول والأمل وإما بالعجز والوهن في مواجهة حضورهم. لا تسمحْ لنفسك بالاقتناع بذلك. ستجد قوتك من خلال اتخاذ إجراءات. ما الذي يمكن أن تقوم به حقاً؟ هناك الكثير الذي يمكنك القيام به.

♦

علم نفسك.

التحضيرُ يجب أن يبدأ بالتوعية والتعليم. يجبُ أن يكون لديك فهم لما تتعامل معه. ثقف نفسك بشأن ظاهرة الأجسام الطائرة المجهولة الهوية/ الكائنات اللاأرضية. ثقف نفسك بشأن أحدث الاكتشافات في مجالي علم الكواكب وعلم الأحياء الفلكي التي بدأت تصبح متاحة لنا.

مواد يوصى بقراءتها:

- راجِع "الموارد الإضافية" في الملحق.

♦

قاوم تأثير برنامج التهدئة.

قاومْ برنامج التهدئة. قاوم التأثير الذي يهدفُ إلى إيصالك لحالة الفتور وعدم التجاوب مع المعرفة الروحية التي بداخلك. قاوم التدخل من خلال الوعي، ومن خلال المناصرة، ومن خلال الفهم. اعمل على تعزيز التعاون الإنساني والوحدة والنزاهة.

مواد يوصي بقراءتها:

- روحانية المجتمع الأعظم، الفصل السادس: "ماهو المجتمع الأعظم؟" والفصل الحادي عشر: "ما هي الغاية من تحضيرك؟"
- العيش بطريقة المعرفة الروحية، الفصل الأول: "العيشُ في عالم آخذ في الظهور"

♦

كن واعيا بالبيئة العقلية.

البيئة العقلية هي بيئةُ الفكر والتأثير التي نعيش فيها جميعاً. إن تأثيرَها على تفكيرنا وعواطفنا وأفعالنا أعظم من تأثير البيئة المادية. وتقوم قوى التدخل حالياً بإلحاق ضرر على البيئة العقلية والتأثير عليها بشكل مباشر. ويجري أيضاً التأثير عليها من قبل المصالح الحكومية والتجارية في كل مكان من حولنا. إن وعيَك بالبيئة العقلية أمرٌ بالغ الأهمية للحفاظ على حريتك في التفكير بحُرية ووضوح. الخطوة الأولى التي يمكنُك اتخاذَها هي أن تختارَ بوعي من وما الذي يؤثر على تفكيرك وقراراتك من خلال المدخلات التي تتلقاها من الخارج. وهذا يشملُ وسائل الإعلام والكتب وذوي القدرة على الإقناع من الأصدقاء والأسرة ومن هم في مواقع السلطة. ضعْ مبادئ توجيهية خاصة بك وتعلم كيف تبتّ، بتمييز وموضوعية، فيما يخبرك به الآخرون، وحتى ما تخبرك به الثقافة بشكل عام. يجب أن يتعلّمي هذه التأثيرات من أجل حماية البيئة العقلية التي نعيش فيها والارتقاء بها.

مواد يوصي بقراءتها:

- الحكمة من المجتمع الأعظم، الكتاب الثاني، الفصل الثاني عشر: "التعبير الذاتي والبيئة العقلية" والفصل الخامس عشر: "الاستجابة للمجتمع الأعظم"

♦

ادرسْ طريقة المعرفة في المجتمع الأعظم.

إن تعلم طريقة المعرفة الروحية في المجتمع الأعظم يجعلك على اتصال مباشر بالعقل الروحي الأعمق الذي وضعه خالقُ كل الحياة بداخلك. فمستوى هذا العقل الأعمق الذي يتجاوز الفكر التحليلي، أي مستوى المعرفة الروحية، هو الذي تكون فيه بمأمن من التشويش والتلاعب من أي قوة دنيوية أو من المجتمع الأعظم. داخل المعرفة الروحية يكمنُ أيضاً هدفك الروحي الأسمى الذي من أجله أتيتَ إلى العالم في هذا التوقيت. المعرفةُ الروحية هي صميمُ حياتك الروحية. ويمكنك أن تبدأ اليوم رحلتك في طريقة المجتمع الأعظم للمعرفة الروحية من خلال بدء الدراسة في الخطوات إلى المعرفة الروحية عبر الإنترنت في الموقع الإلكتروني

www.newmessage.org/ar

مواد يوصى بقراءتها:

- روحانية المجتمع الأعظم، الفصل الرابع: "ماهي المعرفة الروحية؟"
- العيش بطريقة المعرفة الروحية، جميع الفصول
- دراسة خطوات إلى المعرفة الروحية: كتاب المعرفة الداخلية

♦

شكِّل مجموعة لتدارس مواد الحلفاء.

لتهيئة بيئة إيجابية يمكنك فيها دراسة مواد الحلفاء دراسةً متعمقةً، انضمْ إلى آخرين لتشكيل مجموعة لتدارس مواد الحلفاء. وقد وجدنا أنه عندما يقرأُ الناسُ إحاطات الحلفاء وكتب طريقة المجتمع الأعظم للمعرفة الروحية جهراً مع آخرين في بيئة جماعية داعمة وتكون لهم حرية طرح الأسئلة والرؤى المتعمقة أثناء التدارس، ينموا فهمهم للمواد بشكل ملحوظ. هذه واحدة من الطرق التي يمكن أن تبدأها للعثور على آخرين ممن يشاطرونك الوعي بشأن التدخل والرغبة في معرفة حقيقته. يمكنك أن تبدأ بشخص واحد فقط.

مواد يوصى بقراءتها:

- الحكمة من المجتمع الأعظم، الكتاب الثاني، الفصل العاشر: "زيارات المجتمع الأعظم" والفصل الخامس عشر: "الاستجابة للمجتمع الأعظم" والفصل السابع عشر: "تصور الزوار للبشرية" والفصل الثامن والعشرين: "حقائق المجتمع الأعظم"
- حلفاء البشرية، الكتاب الثاني، جميع الفصول

♦

حافظ على البيئة وقم بحمايتها.

مع كل يوم يمر، يتزايد علمُنا بضرورة الحفاظ على بيئتنا الطبيعية وحمايتها واستعادتها إلى سابق حالتها. حتى لو لم يكن التدخل موجوداً، لظل ذلك من الأولويات. ومع ذلك، فإن رسالة الحلفاء تعطي دافعا جديدا وفهما جديداً لضرورة استخدام الموارد الطبيعية استخداما مستداما في عالمنا. كن واعياً بالطريقة التي تعيشُ بها وما تستهلكُه وتوصَّلْ إلى ما يمكن أن تقوم به لدعم البيئة. وكما يؤكد الحلفاء، فإن اكتفاءنا-الذاتي كعرق سيكون ضرورياً لحماية حريتنا وتقدمنا داخل مجتمع أعظم من الحياة الذكية.

مواد يوصى بقراءتها:

- الحكمة من المجتمع الأعظم، الكتاب الأول، الفصل الرابع عشر: "تطور العالم"
- الحكمة من المجتمع الأعظم، الكتاب الثاني، الفصل الخامس والعشرين: "البيئات"

♦

انشر الرسالة بخصوص إحاطات حلفاء البشرية.

إخبارك للآخرين برسالة الحلفاء أمر في غاية الأهمية لأنك بذلك:

— تساعدُ في كسر الصمت المخدر الذي يحيط بواقع وشبح التدخل من خارج كوكب الأرض.

— تساعدُ في كسر العزلة التي تمنع الناس من التواصل مع بعضهم البعض بشأن هذا التحدي العظيم.

— توقظُ من وقعوا تحت تأثير برنامج التهدئة، مما يمنحهم فرصةً لاستخدام عقولهم لإعادة تقييم معنى هذه الظاهرة.

— تشد عزمك وعزم الآخرين على عدم الاستسلام للخوف أو التجنب في مواجهة التحدي العظيم في عصرنا.

— تقدمُ تأكيداً على رؤى الآخرين ومعرفتهم بشأن التدخل.

— تساعدُ في تأسيس المقاومة التي يمكن أن تحبط التدخل وتعزز التمكين الذي يمكن أن يمنح البشرية الوحدة والشدة لوضع قواعد الاشتباك الخاصة بنا.

إليك بعض الخطوات المحددة التي يمكنك اتخاذها اليوم:

— أخبرْ الآخرين بهذا الكتاب وبرسالته. ويمكن الاطلاع حالياً على المجموعة الأولى الكاملة من الإحاطات وتنزيلها دون تكلفة على موقع الحلفاء:

www.alliesofhumanity.org/ar

— إقرأْ إعلان سيادة الإنسان وأخبر الآخرين بهذه الوثيقة القيمة. ويمكن الاطلاع عليها عبر الإنترنت وطباعتها في الموقع الإلكتروني

www.humansovereignty.org/ar

— شجِّعْ متجر الكتب والمكتبة في محيط سكنك على اقتناء وعرض مجلدات حلفاء البشرية والكتب الأخرى التي ألفها مارشال فيان سمرز. فهذا يزيد من إمكانية وصول القراء الآخرين إلى هذه المواد.

— تكلمْ عن مواد الحلفاء ومنظورهم في المنتديات ومجموعات النقاش الموجودة على الإنترنت كلما كان ذلك مناسباً.

— احضُر المؤتمرات والاجتماعات ذات الصلة واعرض منظور الحلفاء.

— احضُر المؤتمرات والاجتماعات ذات الصلة واعرض منظور الحلفاء. -ترجمْ إحاطات حلفاء البشرية. إذا كنتَ تتقن عدة لغات، فيرجى التفكير في المساعدة في ترجمة الإحاطات من أجل إتاحتها لمزيد من الإحاطات من أجل إتاحتها لمزيد من القراء حول العالم. من فضلك تواصل مع society@newmessage.org.

— اتصلْ بمكتبة المعرفة الروحية الجديدة لتلقي مجموعة مجانية من مواد المناصرة بخصوص الحلفاء يمكن أن تساعدك في عرض هذه الرسالة على الآخرين.

مواد يوصى بقراءتها:

- العيش بطريقة المعرفة الروحية، الفصل التاسع: "إعلام الآخرين بطريقة المعرفة الروحية"
- الحكمة من المجتمع الأعظم، الكتاب الثاني، الفصل التاسع عشر: "الشجاعة"

◆

هذه القائمة ليست كاملة بأي حال من الأحوال. هي مجرد بداية. انظرْ إلى حياتك وشاهدْ الفرص التي قد توجد فيها، وكنْ منفتحاً على معرفتك الروحية وبصائرك بشأن هذا الأمر. وبالإضافة إلى القيام بالأشياء المذكورة أعلاه، وجدَ الناس بالفعل طرقاً إبداعية للتعبير عن رسالة الحلفاء — من خلال الفن، من خلال الموسيقى، من خلال الشعر. جد طريقك.

رسالةٌ من مارشال فيان سمرز

منذ ٢٥ عاماً مضت، بدأت وما زالت تغمُرُني تجربةٌ دينية. وكان من نتيجة ذلك أنّي تلقيتُ مجموعةً من الكتابات الغزيرة عن طبيعة الروحانية البشرية ومصير البشر ضمن بانوراما أكبر للحياة الذكية في الكون. وتحتوي هذه الكتابات، المتضمَّنة في التعاليم الواردة في طريقة المعرفة الروحية في المجتمع الأعظم، على إطارٍ لاهوتي يفسر الحياة وحضورَ الرب في المجتمع الأعظم، الامتداد الشاسع للمكان والزمان الذي نعرف أنه كوننا.

وتتضمن المادةُ التي ما برحتُ أتلقاها عن علم الكونيات عدداً كبيراً من الرسائل، منها أن الإنسانية بصدد الظهور في مجتمع أعظم من الحياة الذكية وذلك أمرٌ يجب أن نستعد له. وتنطوي الرسالةُ على فهمٍ متأصلٍ مؤداه أن الإنسانية ليست وحدَها في الكون، أو حتى وحدها داخل العالم الخاص بنا، وأنه سيكون للإنسانية ضمن هذا المجتمع الأعظم أصدقاءٌ ومنافسون وخصوم.

هذا الواقعُ الأعظم أكدَّته بشدةٍ بالغةٍ عمليةُ النقل المفاجئة وغير المتوقعة للمجموعة الأولى من إحاطات حلفاء البشرية في عام ١٩٩٧. وقبل ذلك بثلاثة أعوام، أي في عام ١٩٩٤، كنتُ قد تلقيت الإطار اللاهوتي لفهم إحاطات الحلفاء في كتابي المعنون روحانية المجتمع الأعظم: وحي جديد. وفي تلك المرحلة، ونتيجةً لعملي الروحي وكتاباتي الروحية، أصبح معروفاً لدي أن للبشرية حلفاءً في الكون معنيين برفاه العرق البشري وبحريته في المستقبل.

وداخل مادة علم الكونيات المتنامية التي ما برحَت توحى إليّ عن طبيعة الكون، يكمُنُ فهمٌ مؤداه أنه في تاريخ الحياة الذكية في الكون، يقع على عاتق الأعراق المتقدمة أخلاقياً التزامٌ بتوريث حكمتها للأعراق الصاعدة الشابة مثل عرقنا وأن توريث الحكمة ذلك يجب أن يحدث دون تدخل مباشر لخدمة ذلك العرق الشاب أو دون تدخل في شؤونه. فالقصد هنا هو الإعلام لا التدخل. ويمثل "تمرير الحكمة" هذا إطاراً أخلاقياً قائماً منذ أمد بعيد

فيما يتعلق بالاتصال بالأعراق الصاعدة والسبل التي ينبغي أن يُجرى بها. والمجموعتان اللتان تحويان إحاطات حلفاء البشرية هما برهانٌ واضحٌ على هذا النموذج من عدم التدخل والاتصال الأخلاقي. وينبغي أن يكون هذا النموذج نبراساً هادياً ومعياراً ينبغي أن نتوقع تمسُّكَ الأعراق الأخرى به في محاولتهم الاتصال بنا أو زيارة عالمنا. إلا أن هذا البرهان المتعلق بالاتصال الأخلاقي يتعارض بشكل صارخ مع التدخل الذي يحدث في العالم اليوم.

إننا نمضي باتجاه موقف نكون فيه عرضةً بالغة للأخطار. فمع تزايد شبح نضوب الموارد والتدهور البيئي وخطر حدوث المزيد من الصدوع في الأسرة البشرية كل يوم، أصبحنا لقمة سائغة لقوى التدخل. ذلك أننا نعيش فيما يبدو أنه عزلة في عالم غني وقيِّم يعد مطمعا للآخرين من خارج كوكبنا. إننا مشتَّتون ومنقسمون ولا نرى الخطر العظيم يتدخل عند حدودنا. إنها ظاهرةٌ تكررت مراراً عبر التاريخ فيما يتعلق بمصير الشعوب الأصلية المعزولة التي كانت تواجه التدخل لأول مرة. ونحن غير واقعيين في افتراضاتنا بشأن قوى الكائنات الذكية في الكون ومدى إحسانها. ولقد بدأنا للتو فقط نقيِّم الوضع الذي خلقناه لأنفسنا داخل عالمنا.

الحقيقة التي لن تعجبَ الكثيرين هي أن الأسرة البشرية ليست مستعدة لخوض تجربة اتصال مباشر وليست بالتأكيد متأهبة لأي تدخل. بل يجب علينا أولاً أن نرتبَ أوضاعَنا الداخلية. ونحن كسلالة، ليس لدينا بعدُ النضج الذي يتيح لنا التعاملَ مع الأعراق الأخرى في المجتمع الأعظم انطلاقاً من موقف الوحدة والشدة والتميز. وإلى أن نتمكَّنَ من بلوغ ذلك الموقف، إن تسنَّى لنا ذلك على الإطلاق، لا ينبغي لأي عرق أن يحاولَ التدخل مباشرةً في عالمنا. الحلفاءُ يزودوننا بالحكمة والمنظور اللذيْن تمسُ الحاجةُ إليهما، لكنهم لا يتدخلوا. فهم يخبروننا أن مصيرنا بأيدينا وينبغي أن يكون كذلك. وذلك هو العبءُ الذي يترتب على الحرية في الكون.

لكن بغضّ النظر عن افتقارنا إلى التأهب، فإن التدخل يحدث حالياً. ويجبُ على البشرية أن تستعد الآن لذلك، فتلك هي العتبةُ التي ستترتب عليها أكبر التبعات في تاريخ الإنسان. فلسنا مجرد شهود عارضين على هذه الظاهرة، بل نحن في صميمها. وهذه الظاهرة تحدث سواء كنا على علم بها أو غافلين عنها. وهي قادرة على تغيير النتيجة للبشرية. وهي تتعلق من كل الجوانب بجوهر هويتنا وسبب وجودنا هنا في العالم في هذا التوقيت تحديداً.

لقد أُعطيتْ طريقةُ المجتمع الأعظم للمعرفة الروحية لكي توفرَّ لنا ما نحتاجُ إليه الآن من تعاليم وتحضير لمواجهة هذه العتبة العظيمة، ولتجدِّدَ الروحَ البشرية، ولتخْطَطَّ مساراً

جديداً للإنسان. وهي تتحدثُ عن الحاجة الماسة إلى الوحدة والتعاون بين البشر؛ وأسبقية المعرفة الروحية، أي ذكاءنا الروحي؛ والمسؤوليات الأعظم التي يجب أن نتحملها الآن على عتبة الفضاء. إنها تمثلُ رسالةً جديدة من خالق كل الحياة.

مهمتي هي أن أجلبَ إلى العالم هذه المادة الأكبر عن علم طبيعة الكون وأن أجلبَ تحضيراً يأتي معه أملٌ جديدٌ ووعدٌ لبشرية تعتركُها المصاعب. وما أجلبُه من تحضيرٍ طويل وتعاليمٍ هائلةٍ في طريقة المجتمع الأعظم للمعرفة الروحية إنما هو لبلوغ هذا الهدف. إن إحاطات حلفاء البشرية ما هي إلا جزءٌ صغيرٌ من هذه الرسالة الأعظم. ولقد حان الوقتُ الآن لكي نضعَ حداً لصراعاتنا التي لا تنتهي ونستعدَّ للحياة في المجتمع الأعظم. ولكي نقوم بذلك، يتعيَّن أن نبلورَ فهماً جديداً لأنفسنا كشعب واحد – الشعب الأصلي لهذا العالم، المولود من روحانية واحدة – ولموقفنا الضعيف كعرق شاب ناشئ في الكون. هذه هي رسالتي للبشرية وهذا هو السببُ الذي جئتُ من أجله.

مارشال فيان سمرز

٢٠٠٨

التذييل

♦

تعاريف المصطلحات

حلفاء البشرية: مجموعةٌ صغيرة من الكائنات المادية من المجتمع الأعظم مختبئة في مكان خفي بالقرب من عالمنا في نظامنا الشمسي. ومهمتُهم هي مراقبةُ أنشطة الزوار الفضائيين والتدخل الفضائي الجاري في العالم اليوم والإبلاغُ عنها وإسداءُ المشورة لنا بشأنها. وهم يمثلون الحكماء من عوالم عدة.

الزوار: عدةُ أعراق فضائية أخرى، من المجتمع الأعظم، "تزورُ" عالمنا بدون إذننا وتتدخل بصورة نشطة في الشؤون البشرية. الزوارُ ضالعون في عملية طويلة من إدماج أنفسهم في نسيج وروح الحياة البشرية بغرض السيطرة على موارد العالم وعلى الناس.

التدخل: حضورُ الزوار الفضائيين وهدفهم وأنشطُتهم في العالم.

ب**رنامج التهدئة:** برنامج الزوار للإقناع والتأثير وهدفه هو تجريد الأشخاص من قدرات الوعي والتمييز بشأن التدخل من أجل جعل الإنسانية خاملة وممتثلة.

المجتمع الأعظم: الفضاء. الكونُ المادي والروحي الشاسع الذي توشكُ الإنسانية على الظهور فيه، والذي توجد فيه حياةٌ ذكية بمظاهر لا تعد ولا تحصى.

اللامرئيون: ملائكةُ الخالق التي تشرفُ على التطور الروحي للكائنات الواعية في جميع أنحاء المجتمع الأعظم. ويشيرُ الحلفاء إليهم بلفظة "اللامرئيون".

المصير البشري: من المقدّر للبشرية أن تظهر في المجتمع الأعظم. فهذا هو تطورُنا.

الجماعات: منظماتٌ تراتبية هرمية معقدة تتكون من عدّة أعراق فضائية يربطُها ولاءٌ مشترك. وتوجدُ في العالم اليوم أكثُر من جماعةٍ واحدة ينتمي إليها الزوارُ الفضائيون. وهذه الجماعات لديها أجندات متنافسة.

البيئة العقلية: بيئةُ الفكر والتأثير العقلي.

المعرفة الروحية: الذكاءُ الروحي الذي يحملُه كلُّ إنسانٍ بداخلِه. هي مصدرُ كلِّ ما نعرفُه. هي فهمُ جوهر الأشياء. هي الحكمةُ الأبدية. هي الجزءُ الخالدُ بداخلنا الذي يستحيلُ التأثيرُ فيه أو التلاعبُ به أو إفسادُه. هي قدرةٌ كامنةٌ بداخل كلِّ كائنٍ عاقل. المعرفةُ الروحية هي الرب بداخلك، والرب هو كلُّ المعرفة الروحية في الكون.

طرق البصيرة: تعاليم مختلفة في طريقة المعرفة الروحية يجري تعليمُها في كثير من العوالم في المجتمع الأعظم.

طريقة المجتمع الأعظم للمعرفة الروحية: تعاليمٌ روحية من الخالق تمارَس في العديد من الأماكن في المجتمع الأعظم. وهي تعلّمُ سبلَ معايشةِ تجربةِ المعرفة الروحية والتعبير عنها وسبلَ الحفاظ على الحرية الفردية في الكون. وقد أُرسلَت هذه التعاليم هنا لإعداد الإنسانية لواقع الحياة في المجتمع الأعظم.

تعليقات على حلفاء البشرية

لقد تأثرتُ كثيراً بكتاب حلفاء البشرية. . . لأن للرسالة وقعاً صادقاً في النفس. كما أن اتصالات الرادار والآثار على الأرض وأشرطة الفيديو والأفلام كلها تثبتُ أن الأجسام الطائرة المجهولة الهوية حقيقةٌ لا خيال. وعلينا الآن أن ننظرَ إن السؤال الحقيقي، وهو: ما المخطَّط الذي يضمره شاغلوها. أن كتاب حلفاء البشرية يتصدى بحسم لهذه المسألة، وهي مسألةٌ قد يثبت أنها حاسمة بالنسبة لمستقبل البشرية".

— جيم مارز، مؤلف
مخطط اللاأرضيين والحكم بالسرية

في ضوء عقودٍ أمضيتُها في دراسة كل من ظاهرتي الاتصال الروحي والأجسام الطائرة المجهولة الهوية/ الكائنات اللاأرضية، أجد في نفسي وقعاً إيجابياً للغاية إزاء سمرز بوصفه قناةً للاتصال الروحي وإزاء الرسالة التي أوردَها من مصادره المذكورة في هذا الكتاب. وإنني في غاية الإعجاب بنزاهته كإنسان، وكروح، وكقناة اتصال روحي حقيقية. ويُظهر لي سمرز ومصادرُه بشكل مقنع، في رسالتهما وسلوكهما، توجهاً حقيقياً لخدمة الآخرين في وقت كثر فيه التوجُّهات لخدمة الذات، لا من الإنسان فحسب بل وحالياً أيضا من خارج كوكب الأرض كما يبدو. وفي حين ترِد رسالةُ هذا الكتاب بنبرةٍ جدية وتحذيرية، فإنها تبثُّ في نفسي توقاً شديداً إلى الوعد بالعجائب التي تنتظر عرقنا البشري حين ننضمُّ إلى المجتمع الأعظم. ويجِبُ علينا في نفس الوقت إيجاد الوقت والسبل لعلاقتنا بخالقنا، التي هي حقنا الطبيعي، لضمان ألا نقع فريسةً

للتلاعب أو الاستغلال بشكل غير ملائم من قبل بعض أعضاء ذلك المجتمع الأعظم في هذه العملية".

— جون كليمو، مؤلف كتاب الاتصال الروحي:
تحقيقات حول تلقي معلومات من مصادر خارقة
للطبيعة

كانت دراسة ظاهرة الأجسام الطائرة المجهولة الهوية/الاختطاف من قبل كائنات لاأرضية لمدة ٣٠ عاماً أشبه بتجميع قطع في أحجية عملاقة للصور المقطوعة. وقد أعطاني كتابُك، أخيراً، إطاراً لوضع القطع المتبقية في مكانها الصحيح".

— إريك شوارتز،
أخصائي اجتماعي سريري مرخص له، في كاليفورنيا،
الولايات المتحدة.

هل توجد في الكون خدمات دون مقابل؟ يذكّرنا كتاب حلفاء البشرية بكل حسم أن ذلك الشيء لا يحدث".

— إيلين دوغلاس، مديرة مشاركة على مستوى الولاية،
منظّمة الشبكة المتبادلة المعنية بالأجسام الطائرة
المجهولة الهوية، شبكة
MUFON، ولاية يوتا، الولايات المتحدة.

سيكون لكتاب حلفاء البشرية صدى عظيم بين السكان الناطقين بالإسبانية في جميع أنحاء العالم. أستطيع أن أؤكد هذا! فالكثير من الناس، ليس في بلدي فقط، يناضلون من أجل

حقوقهم في الحفاظ على ثقافاتهم! وكتبك إنما تؤكد ما كانوا يحاولون إخبارنا به بعدة طرق، ولفترة طويلة".

— إينغريد كابريرا، المكسيك

كان لهذا الكتاب صدى عميق في نفسي. ولا أبالغ حين أقول إنه كتاب حلفاء البشرية بالنسبة لي رائدٌ في مجاله. أكنُّ كل الاحترام للقوى، البشرية وغير البشرية، التي أوجدت هذا الكتاب، وأدعو أن يتم التنبه إلى ما يحويه من تحذير عاجل".

— ريموند تشونغ، سنغافورة

الكثير من مواد الحلفاء يتوافق مع ما تعلمته، أو ما أشعر بفطرتي أنه حقيقي".

— تيموثي غود، باحث بريطاني في مجال الأجسام
الطائرة المجهولة الهوية ومؤلف كتاب
"ما وراء السرية القصوى والإفصاح عن وجود كائنات
من خارج الأرض"

مزيد من الدراسة

يعالج كتابُ حلفاء البشرية أسئلةً جوهرية بشأن حقيقة حضور الكائنات اللاأرضية في العالم اليوم وطبيعتِه وهدفه. إلا أن هذا الكتابَ يثيرُ عدداً أكبر بكثير من الأسئلة التي يجبُ استكشافها من خلال الاستفاضة في الدراسة. وعلى هذا النحو، يكون بمثابة عاملٍ محفزٍ لزيادة الوعي وأخذ الاجراءات.

ولتعلُّم المزيد، هناك مساران يمكنُ للقارئ اتباعُ أحدِهما أو كليهما. المسارُ الأول هو دراسةُ ظاهرة الأجسام الطائرة المجهولة الهوية/الكائنات اللاأرضية نفسها، وهي ظاهرةٌ تولَّى توثيقَها على نطاق واسع على مدى العقود الأربعة الماضية باحثون يمثلون العديد من وجهات النظر المختلفة. وقد أدرجنا في الصفحات التالية بعضَ الموارد المهمة التي تتناول هذا الموضوع والتي نشعرُ أنها ذات صلة قوية بمواد الحلفاء. ونحن نشجِّعُ جميع القراء على توسيع مداركهم بشأن هذه الظاهرة.

أما المسارُ الثاني فهو للقراء الذين يرغبون في استكشاف التداعيات الروحية لهذه الظاهرة وما يمكنك القيام به شخصياً للاستعداد. وبالنسبة لهذا المسار، نوصي بكتابات مارشال ڤيان سمرز المدرجة في الصفحات التالية.

وللبقاء على علم بالمواد الجديدة المتعلقة بكتاب حلفاء البشرية، يرجى زيارة الموقع للحلفاء (Allies) وعنوانه

www.alliesofhumanity.org/ar

وللاطلاع على مزيد من المعلومات حول طريقة المجتمع الأعظم للمعرفة الروحية، يرجى زيارة الموقع

www.newmessage.org/ar

موارد إضافية

ترد فيما يلي قائمةٌ أولية بشأن موضوع ظاهرة الأجسام الطائرة المجهولة الهوية/ الكائنات اللاأرضية. وهذه القائمة لا يقصد بأي حال من الأحوال أن تكون قائمة مراجع جامعة بشأن هذا الموضوع، وإنما هي مجرد نقطة ابتداء. وحالما يكون بحثك في حقيقة الظاهرة قد بدأ، سيكون هناك المزيد والمزيد من الكتب التي يمكن استكشافها، سواءً من خلال هذه المصادر أو من مصادر أخرى. ويُنصح دائما بإعمال التمييز.

الكتب

Berliner, Don: *UFO Briefing Document*, Dell Publishing, 1995.

Bryan, C.D.B.: *Close Encounters of the Fourth Kind*: *Alien Abduction, UFOs and the Conference at MIT*, Penguin, 1996.

Dolan, Richard: *UFOs and the National Security State: Chronology of a Coverup*, 1941-1973, Hampton Roads Publishing, 2002.

Fowler, Raymond E.: *The Allagash Abductions: Undeniable Evidence of Alien Intervention*, 2nd Edition, Granite Publishing, LLC, 2005.

Good, Timothy: *Unearthly Disclosure*, Arrow Books, 2001.

Grinspoon, David: *Lonely Planets: The Natural Philosophy of Alien Life*, Harper Collins Publishers, 2003.

Hopkins, Budd: *Missing Time*, Ballantine Books, 1988.

Howe, Linda Moulton: *An Alien Harvest*, LMH Productions, 1989.

Jacobs, David: *The Threat: What the Aliens Really Want*, Simon & Schuster, 1998.

Mack, John E.: *Abduction: Human Encounters with Aliens*, Charles Scribner's Sons, 1994.

Marrs, Jim: *Alien Agenda: Investigating the Extraterrestrial Presence Among Us*, Harper Collins, 1997.

Sauder, Richard: *Underwater and Underground Bases*, Adventures Unlimited Press, 2001.

Turner, Karla: *Taken: Inside the Alien-Human Abduction Agenda*, Berkeley Books, 1992.

أقراص الفيديو الرقمية

The Alien Agenda and the Ethics of Contact with Marshall Vian Summers, MUFON Symposium, 2006. https://www.youtube.com/watch?v=LpQUpJwKCKg

The ET Intervention and Control in the Mental Environment, with Marshall Vian Summers, Conspiracy Con, 2007.

Out of the Blue: The Definitive Investigation of the UFO Phenomenon, Hanover House, 2007.

Marshall Vian Summers YouTube:
youtube.com/@MarshallVianSummers

المواقع الشبكية

www.alliesofhumanity.org/ar

www.newmessage.org/ar

www.humansovereignty.org/ar

مقتطفات من كتب طريقة المعرفة الروحية في المجتمع الأعظم

"أنت لست مجرد إنسان في هذا العالم الواحد. أنت مواطنٌ من مواطني المجتمع الأعظم من العوالم. وهذا هو الكون المادي الذي تعرفه بحواسك. إنه أعظم بكثير مما يمكنك أن تفهمه الآن... أنت مواطن في كون مادي أعظم. وهذا لا ينطوي على اعتراف بنسبك وتراثك فحسب ولكن أيضاً على هدفك في الحياة في هذا الوقت، لأن عالم الإنسانية ينمو ليدخل في حياة المجتمع الأعظم من العوالم. وهذا الأمر معروف لك، على الرغم من أن معتقداتك قد لا تفسره بعد".

— خطوات إلى المعرفة الروحية:

الخطوة ١٨٧: أنا مواطن من مواطني المجتمع الأعظم من العوالم.

"لقد أتيت إلى العالم عند نقطة تحول عظيمة، نقطة تحول لن ترى سوى جزءا منها في حياتك. إنها نقطة تحول ينشئ فيها عالمك اتصالاً بالعوالم المجاورة له. وهذا هو التطور الطبيعي للبشرية، إذ أن ذلك هو التطور الطبيعي لكل أشكال الحياة الذكية في جميع العوالم".

— خطوات إلى المعرفة الروحية:

الخطوة ١٩٠: العالم آخذ في الظهور في المجتمع الأعظم من العوالم وهذا هو سبب مجيئي.

"لديك أصدقاء رائعون خارج هذا العالم. هذا هو السبب في أن الإنسانية تسعى للدخول في المجتمع الأعظم لأن المجتمع الأعظم يمثل نطاقاً أوسع من علاقاته الحقيقية. لديك أصدقاء حقيقيون خارج العالم لأنك لست وحدك في العالم ولست وحدك في المجتمع الأعظم من العوالم. لديك أصدقاء خارج هذا العالم لأن عائلتك الروحية لها ممثلوها في كل مكان. لديك أصدقاء خارج هذا العالم لأنك تعمل لا على تطور عالمك فحسب ولكن على تطور الكون أيضاً. هذا الأمر يتجاوز خيالك، ويتجاوز قدراتك المفاهيمية، ولكنه صحيح بكل تأكيد".

— خطوات إلى المعرفة الروحية:
الخطوة ٢١١: لدي أصدقاء رائعون خارج هذا العالم.

"لا تتفاعل بأمل. لا تتفاعل بخوف. استجب بالمعرفة الروحية".

— الحكمة من المجتمع الأعظم، الجزء الثاني
الفصل العاشر: زيارات المجتمع الأعظم

"لماذا يحدث هذا؟" العلم لا يستطيع الإجابة على ذلك. التفكير المنطقي لا يستطيع الإجابة على ذلك. التفكير بالتمني لا يستطيع الإجابة على ذلك. حماية الذات من منطلق الخوف لا تستطيع الإجابة على ذلك. ما الذي يستطيع الإجابة على ذلك؟ يجب أن تطرح هذا السؤال بعقلية مختلفة، وأن ترى بعيون مختلفة، وأن تكون لك تجربة مختلفة هنا".

— الحكمة من المجتمع الأعظم، الجزء الثاني
الفصل العاشر: زيارات المجتمع الأعظم

"يجب أن تفكر في الرب الآن في المجتمع الأعظم — ليس رباً بشرياً، ولا رباً سجل تاريخكم المكتوب، ولا رباً لابتلاءاتكم ومحنكم، بل رباً لكل العصور، لكل الأعراق، لكل الأبعاد، لمن هم بدائيون ولمن هم متقدمون، لمن يفكرون مثلكم ولمن يفكرون بشكل مختلف، لمن يؤمنون ولمن يعد الإيمان بالنسبة لهم أمرا لا تفسير له. هذا هو الرب في المجتمع الأعظم. وهذا هو المكان الذي يجب أن تبدأ منه".

— روحانية المجتمع الأعظم
الفصل ١: ما هو الرب؟

"العالم بحاجة إليك. وحان وقت التحضير. حان الوقت لتصبح مركزاً وحازماً. هذا أمر لا مفر منه، ذلك أن الذين تطوروا في طريقة المعرفة الروحية هم فقط الذي سيملكون القدرة في المستقبل ويتمكنون من الحفاظ على حريتهم في بيئة عقلية ستخضع بشكل متزايد لتأثير المجتمع الأعظم".

— العيش بطريقة المعرفة الروحية:
الفصل السادس: ركن التطور الروحي

"ليس هناك أبطال هنا. ليس هناك من يُعبد. بل أساس يجب أن يرسى. وعمل يجب أن يبذل. هناك تحضير يجب أن يضطلع به. وهناك عالم يجب أن يُخدم".

— العيش بطريقة المعرفة الروحية:
الفصل السادس: ركن التطور الروحي

"يجري حاليا تقديم طريقة المجتمع الأعظم للمعرفة الروحية إلى العالم، حيث هي غير معروفة فيه. إذ لا يوجد تاريخ لها ولا خلفية عنها هنا. والناس غير معتادين عليها. وهي لا تتناسب بالضرورة مع أفكارهم أو معتقداتهم أو توقعاتهم. ولا تتوافق مع الفهم الديني الحالي للعالم. إنها تأتي متجردة — بدون طقوس وبهرجة، بدون ثروة ومبالغات. إنها تأتي بصورة نقية وبسيطة. إنها مثل طفل في العالم. إذ تبدو في ظاهرها ضعيفة، ومع ذلك تمثل حقيقة عظمى ووعداً أعظم للبشرية".

− روحانية المجتمع الأعظم:
الفصل ١٢. أين يمكن العثور على المعرفة الروحية؟

"هناك من هم أقوى منكم في المجتمع الأعظم. يمكنهم أن يتفوقوا عليكم، ولكن فقط إذا لم تكونوا منتبهين. يمكنهم التأثير على عقولكم، ولكن لا يمكنهم التحكم فيها إذا كنتم مع المعرفة الروحية".«

— العيش بطريقة المعرفة الروحية:

الفصل العاشر: كونك حاضر في العالم

"الإنسانية تعيش في منزل كبير جداً. وجزء من المنزل يحترق. ويأتي آخرون زائرين لتحديد كيفية إخماد الحريق لمصلحتهم".

— العيش بطريقة المعرفة الروحية:

الفصل ١١: الاستعداد للمستقبل

"اخرج في ليلة صافية وانظر لأعلى. إن مصيرك هناك. والصعوبات الخاصة بك هناك. وفرصك هناك. وخلاصك هناك".

— روحانية المجتمع الأعظم:

الفصل الخامس عشر: من يخدم الإنسانية؟

"ينبغي ألا تفترض أبداً أن هناك منطقاً أعظم في عرق متطور، إلا إذا كان قوياً بامتلاكه المعرفة الروحية. في الواقع، قد يكون أفراد هذا العرق محصنين ضد المعرفة الروحية مثلما أنتم محصنون. يجب تحدي العادات والطقوس والهياكل والسلطات القديمة بالأدلة المستقاة من المعرفة الروحية. ولهذا السبب، فحتى في المجتمع الأعظم، إذا كان المرء، ذكرا كان أم أنثى، من أولي المعرفة الروحية فإنه يكون ذا بأس شديد".

— خطوات إلى المعرفة الروحية:

المستويات العليا

"إن شجاعتك في المستقبل يجب ألا تكون وليدة التظاهر، بل من يقينك في المعرفة الروحية. بهذه الطريقة ستكون ملتجأً لكل من ينشد السلام ومصدرا للثروة للآخرين. هذا هو ما يتوخى لك أن تكونه. هذا هو سبب مجيئك إلى العالم".

— خطوات إلى المعرفة الروحية:

الخطوة ١٦٢: لن أكون خائفاً اليوم.

"إنه ليس وقتاً سهلاً للتواجد في العالم، ولكن إذا كانت المساهمة هي هدفك ومقصدك، فهذا هو الوقت المناسب للتواجد في العالم".

— روحانية المجتمع الأعظم:
الفصل ١١: ما الذي يبتغى من تحضيرك؟

"لكي تقوم بمهمتك، يجب أن يكون لديك حلفاء أقوياء لأن الرب يعلم أنك لا تستطيع القيام بها بمفردك".

— روحانية المجتمع الأعظم:
الفصل ١٢: من ستلتقي به؟

"الخالق لن يترك البشرية بدون تحضير للمجتمع الأعظم. ولهذا، يجري حاليا تقديم طريقة المجتمع الأعظم للمعرفة الروحية. وهي طريقة ولدت من الإرادة العظيمة للكون. ويتم إيصالها من خلال ملائكة الكون الذين يساعدون على ظهور المعرفة الروحية في كل مكان ويرعون العلاقات التي يمكن أن تجسد المعرفة الروحية في كل مكان. هذا العمل هو عمل الإله في العالم، لا ليأخذك إلى الإله، وإنما ليأخذك إلى العالم، لأن العالم بحاجة إليك. ولهذا أرسلتَ إلى هنا. ولهذا السبب اخترتَ المجيء. وقد اخترت المجيء لخدمة العالم ودعمه في ظهوره في المجتمع الأعظم، لأن هذه هي الحاجة الماسة للإنسانية في هذا الوقت، وهذه الحاجة الماسة ستلقي بظلالها على جميع احتياجات البشرية في الأزمنة القادمة".

— روحانية المجتمع الأعظم:
مقدمة

عن المؤلف

رغم أن مارشال ڤيان سمرز ليس معروفاً في العالم اليوم إلا على نطاق ضيق، فقد يُعترف به في نهاية المطاف بوصفه أهم معلم روحي يظهر في حياتنا. فعلى مدى أكثر من عشرين عاماً وهو يكتب ويعلّم بهدوء روحانيةً تقرُّ بحقيقة لا سبيل لإنكارها هي أن البشريةَ تعيشُ في كونٍ شاسعٍ مأهولٍ بالكائنات وباتت الآن في مسيس الحاجة إلى الاستعداد لتحدي الظهور في مجتمع أعظم من الحياة الذكية.

مارشال ڤيان سمرز يعلّم مادة المعرفة الروحية، أو المعرفة الداخلية. وهو يقول في هذا الصدد: "إن حدسنا الأعمق ليس سوى تعبير خارجي عن القوة العظمى للمعرفة الروحية". ويشكل كتاباه خطوات إلى المعرفة الروحية: كتاب المعرفة الداخلية، الحائز على جائزة كتاب العام للروحانية لعام ٢٠٠٠ في الولايات المتحدة، وروحانية المجتمع الأعظم: وحي جديد معاً أساساً يمكن اعتباره أول "لاهوت للاتصال". وتمثل المجموعة الكاملة لأعماله، التي تصل إلى حوالي عشرين مجلداً لم ينشَر منها بعد سوى حفنة من قِبل مكتبة المعرفة الروحية الجديدة حالياً، على الأرجح بعضاً من أكثر التعاليم الروحية أصالةً وتقدماً في التاريخ الحديث. وهو أيضاً مؤسس جمعية طريقة المجتمع الأعظم للمعرفة الروحية وهي منظمة دينية غير ربحية.

وبكتب حلفاء البشرية، ربما يصبح مارشال فيان سمرز أول معلم روحي رئيسي يطلق تحذيراً واضحاً حول الطبيعة الحقيقية للتدخل الجاري حالياً في العالم، ويدعو إلى تحمل المسؤولية الشخصية والإعداد والوعي الجماعي. وقد كرس حياتَه لتلقي هذا الوحي بشأن طريقة المجتمع الأعظم للمعرفة الروحية، التي هي هدية من الخالق للبشرية. وهو ملتزمٌ بإبلاغ هذه الرسالة الجديدة من الرب إلى العالم.

وللقراءة عن الرسالة الجديدة عبر الإنترنت، يرجى

www.newmessage.org/ar

كتب طريقة المعرفة الروحية في المجتمع الأعظم

God Has Spoken Again
(لقد تكلم الرب مرة أخرى)

The One God
(الرب الواحد)

The New Messenger
(الرسول الجديد)

The Greater Community
(المجتمع الأعظم)

The Journey to a New Life
(الرحلة إلى حياة جديدة)

The Power of Knowledge
(قوة المعرفة الروحية)

The New World
(العالم الجديد)

The Pure Religion
(الدين النقي)

Preparing for the Great Waves of Change
(الاستعداد للموجات العظيمة من التغيير)

Preparing for the Greater Community
(التحضير للمجتمع الأعظم)

The Worldwide Community of the New Message from God
(المجتمع العالمي للرسالة الجديدة من الرب)

Greater Community Spirituality
(روحانية المجتمع الأعظم)

Steps to Knowledge
(خطوات إلى المعرفة الروحية)

Relationships and Higher Purpose
(العلاقات والهدف الأسمى)

Living The Way of Knowledge
(العيش بطريقة المعرفة الروحية)

Life in the Universe
(الحياة في الكون)

The Great Waves of Change
(أمواج التغيير العظيمة)

Wisdom from the Greater Community Book One and Two
(الحكمة من المجتمع الأعظم المجلد الأول والثاني)

Secrets of Heaven
(أسرار الجنة)

The Allies of Humanity Books One, Two, Three and Four
(كتب حلفاء البشرية الأول والثاني والثالث والرابع)